Sozialer Kapitalismus

von

Shu Kai Chan

Aus dem Englischen übersetzt von Birgit von Bargen

Tectum Verlag
Marburg 2004

Coverabbildung: Fotografie der Gebrüder Alinari,
Arbeit in der Galileo Werkstatt

Englische Originalausgabe: Shu Kai Chan: Social Capitalism
Vantage Press, New York 2002. ISBN 0-533-14110-9
Deutsche Ausgabe besorgt von Dr. Reinhard Neebe

Chan, Shu Kai:
Sozialer Kapitalismus
/ von Shu Kai Chan
- Marburg : Tectum Verlag, 2004
ISBN 978-3-8288-8702-2

Tectum Verlag
Marburg 2004

Vorwort

Dieses Buch ist dem Andenken an meine Eltern gewidmet, denen das Wohl der Armen immer am Herzen lag. Ich hoffe, dass ich mit der Publikation dieses Buches öffentliches Interesse an den Problemen und Schwierigkeiten der heutigen Gesellschaften wecken kann. Aufgrund des großen Fortschritts in der modernen Technologie sind die seitherigen Wirtschaftssysteme wie Kapitalismus, Sozialismus und Kommunismus bereits veraltet. Ebenso hat das Ausmaß des modernen Welthandels, d.h. die Globalisierung, nationale Grenzen überflügelt, so dass wir neue Konzepte in der internationalen Zusammenarbeit benötigen. Wenn wir eine politische Philosophie und ein neues Wirtschaftssystem fänden, könnten wir jetzt allen Völkern dieser Welt zu Wohlstand und Freiheit verhelfen.

Inhaltsverzeichnis

Einleitung   7

I   Das Wesen der Gesellschaft und des Fortschritts   13

II   Privateigentum   23

III   Sozialer Kapitalismus   38

IV   Nation und Politik   77

V   Multi-Regierung und selbstbestimmende Demokratie   88

VI   Soziale Kultur und Revolution   103

VII   Soziale Revolution und Weltgesellschaft   110

Einleitung

Die Industrialisierung bewegt sich gegenwärtig in eine neue Ära, mit bedeutenden Fortschritten im Elektronikbereich, der Computertechnik und der automatisierten Herstellung anderer Güter. Industrien wurden erweitert, um eine verwirrende Vielfalt an hoch technologischen Entwicklungen zu produzieren. Während dieser Periode des beispiellosen wirtschaftlichen Fortschritts sollten wir eine wohlhabendere Gesellschaft und bessere Lebensbedingungen genießen können. Dennoch sind unsere sozialen und wirtschaftlichen Probleme ernster als je zuvor, weil wir mit Inflation, Rezession, Währungskrise und hoher Arbeitslosigkeit kämpfen. Diese Probleme hat es in bestimmten Zyklen immer wieder gegeben. Erst, wenn sie wirklich entstehen, werden sie ernster genommen und haben weltweite Auswirkungen, die sich nicht nur auf einzelne Länder beschränken.

Das freie kapitalistische Unternehmertum ist zweifelsfrei das bisher leistungsfähigste Wirtschaftssystem. Es gibt den Menschen Leistungsanreize und Wettbewerbsfreiheit, die aus wirkungsvoller Produktion von Waren und der Bereitstellung von Dienstleistungen resultieren. Das wiederum bringt einerseits Wohlstand mit sich, andererseits aber auch politische, wirtschaftliche und soziale Probleme, die nur schwer lösbar zu sein scheinen. Zyklen wirtschaftlicher Hochkonjunktur lösen sich mit Phasen von Insolvenzen, Arbeitslosigkeit, Inflation oder Deflation ab.

Die Sozialisten legen den Schwerpunkt auf die Verteilung des erworbenen Produktivvermögens. Sie glauben, dass unsere gesellschaftlichen Probleme hauptsächlich durch die Kluft zwischen Arm und Reich verursacht werden. Ihre Maßnahmen zur Verringerung dieser Diskrepanz beschränken sich im wesentlichen auf die hohe Besteuerung der Vermögenden. Zwar stellen diese hohen Steuereinnahmen das notwendige Kapital für Investitionen und für die Produktion zur Verfügung, erhöhen aber auf der anderen Seite den staatlichen Regelungsaufwand und die Bürokratie hinsichtlich aller Geschäftsbereiche und Aufwendungen, die der Steuerpflicht unterliegen. Einige gehen so weit, bestimmte Industrien zu verstaatlichen, und nehmen Unwirtschaftlichkeit und mangelnde Innovation dieser staatlich geführten Industriebereiche billigend in Kauf. Das wiederum führt zu hohen Preisen und der Knappheit der Güter. Es entstehen bürokratische Monopole, die sich öffentlicher Kritik verschließen und die die Förderung der sozial schwächeren Schichten, denen sie ursprünglich dienen sollten, vernachlässigen. Statt dessen bürden sie der Öffentlichkeit in jedem Land zusätzliche finanzielle Belastungen auf. Die Reichen bilden nur einen kleinen Prozentsatz der Bevölkerung. Selbst, wenn ihr gesamtes Vermögen in die Umverteilung zugunsten der Gesellschaft einbezogen würde - so wie es die Kommunisten getan hatten - gäbe es nicht genügend Vermögen, um allen Menschen ein Leben in Wohlstand zu gewährleisten. Diese Maßnahme wäre wie der Tropfen auf dem heißen Stein. Solche Regelungen zur überproportionalen Besteuerung der Vermögen der Reichen ändern nichts an der Situation, sondern verursachen noch mehr Probleme.

Die Methoden der Sozialisten basieren auf fehlerhafter Philosophie und einem Mangel an Verständnis der wirtschaftlichen Grundlagen. In der Volkswirtschaft ist die Produktion der Motor für Wohlstand. Es kann keinen Wohlstand geben, wenn es keine Produktion gibt. Ohne Produktion haben wir nichts zu verteilen. Folglich sollte die Produktion von vordringlichstem Interesse sein. Wir sollten die Reichen nicht bestrafen. Abgesehen von denen, die durch illegale Mittel in spekulative, monopolistische, unproduktive Tätigkeiten abgleiten, sind es gerade die Vermögenden, die die wirtschaftliche Entwicklung und die Produktion antreiben.

Jeder Mensch unterscheidet sich durch Intelligenz, Aufnahmefähigkeit und Vision. Gäben wir ihnen keine Anreize, würden die Unternehmer nicht so aggressiv die neue Produktion antreiben, die so viele Möglichkeiten der Hochtechnologie fördert und dadurch die Produktivität steigert und unseren Lebensstandard sichert.

Wenn wir die kommunistische Zentralverwaltungswirtschaft betrachten, finden wir noch größere Fehler. Niedrige Produktion verursacht einen Mangel, der sich auch auf die lebensnotwendigen Bedürfnisse des täglichen Lebens erstreckt. Neue Produkte sind selten und die Qualität der Waren ist schlecht. Unter ihrem Quotensystem leben die Menschen, verglichen mit dem kapitalistischen Standard des Westens, in Armut. Die Menschen stehen für jede einzelne Ware Schlange. Nach mehr als 70 Jahren und drei Generationen unter kommunistischer Regie ist die ehemalige Sowjetunion, mit Ausnahme ihrer Militärmaschinerie, noch auf dem Niveau, auf dem sich der Westen schon vor dem Zweiten Weltkrieg befand. Die Sowjetunion musste die gesamten Anlagen zur Autoproduktion aus Italien importieren. Der Aufbau einer Gasrohrleitung beruhte völlig auf westlicher Technologie und westlichem Materialeinsatz. Im wirtschaftlichen Sinn ist der Kommunismus ein Misserfolg. Ohne wirtschaftlichen Fortschritt sind alle Hoffnungen auf eine mögliche Verbesserung des Lebensstandards oder des Aufbaus einer wohlhabenden Gesellschaft illusorisch.

Wir benötigen eine neue politisch-wirtschaftliche Philosophie und ein neues System, das fähig ist, mit den heutigen Herausforderungen fertig zu werden. Nach dem Fall der Sowjetunion sollten wir jetzt wissen, dass der Kommunismus keine Lösung darstellt. Er versagt nicht nur in seiner wirtschaftlichen Leistungsfähigkeit, sondern auch in Bezug auf seine sozialen Ideale. Seine Ein-Klassen-, Ein-Parteien-Diktatur gibt vor, die Menschen zu repräsentieren, obwohl sie nicht ihre Unterstützung hat. Sie verspricht Wohlstand für alle, aber bringt Armut hervor. Sie verwandelt Überfluss in Knappheit. Dieses hat die 70 Jahre während sowjetische Geschichte deutlich gezeigt. Die Geschichte lehrt uns, dass der Kommunismus den Menschen den Privatbesitz raubt und ihnen auch den sozialen Status verweigert. Der Kommunismus macht die Menschen von seinem bürokratischen System völlig abhängig. Infolgedessen verlieren die Menschen ihre Persönlichkeitsrechte, ihre Freiheit, ihre Identität und ihre Selbstachtung. Der Staat fordert von seinen Bürgern Opfer, ist aber selbst weder verantwortlich noch verantwortlich zu machen. Die Menschen sind ausschließlich Instrumente des Staatsapparates. Ist das die Art Gesellschaft, die wir uns wünschen? Ist das unsere ideale Gesellschaft?

In unserer Gesellschaft sollten die Menschen die Möglichkeit wahrnehmen können, die Errungenschaften zu genießen, die das Ergebnis ihrer menschlichen Leistung sind. Die Funktion des Privatbesitzes liegt nicht nur darin, den Menschen Leistungsanreize zu geben und ihren Wunsch nach Arbeit zu erfüllen. Privatbesitz ist auch die Grundlage einer freien Gesellschaft, in der jeder für seine Arbeit bezahlt wird und das Recht zu seiner eigenen privaten politischen und kulturellen Entwicklung hat. Dieses sind die Elemente des sozialen Wohlstandes und Fortschritts. Soziale Institutionen stellen nur den gesellschaftlichen Rahmen zur Verfügung. Sie sind leblose Strukturen ohne Kopf und Verstand. Ihre Leistungen sind die Ergebnisse der Initiative und der kreativen Bemühungen der Menschen. Besäße der Staat die alleinige Macht, sämtliche Tätigkeiten zu kontrollieren, ernteten die Privilegierten die Früchte der Bemühungen anderer Menschen. In diesem Sinne sind das alte Sklavensystem und das ehemalige kommunistische System der Sowjetunion wenig verschieden. Da Privatbesitz und Freiheit für den sozialen Fortschritt wichtig sind, muss die freie Unternehmerwirtschaft zum Nutzen aller Menschen bestehen bleiben, so dass Privatbesitz als Wirtschaftsgrundlage auf alle Menschen ausgedehnt werden kann. Dies würde auch helfen, das Ziel der Demokratie, die Gleichheit der Menschen vor dem Gesetz, zu unterstützen. Besonders im heutigen komplexen System der gesellschaftlichen Produktion kann niemand nur aufgrund seiner eigenen Fähigkeit oder Entschlossenheit erfolgreich sein. Die Kapazität des Einzelnen und sein Anteil an der Industrieproduktion sind sehr begrenzt. Außerdem ist die Grundlage des heutigen Kapitalismus Selbstinitiative und Eigeninteresse, die zur Macht in einer kapitalistischen Volkswirtschaft führen. Aber ausgeprägter Kapitalismus und intensives Unternehmertum allein führen nicht zu einer Wirtschaft, die für alle Menschen gleichermaßen gerecht ist.

Ein Wirtschaftssystem für jedermann würde allen Menschen erlauben, an dem Produktionsprozess beteiligt zu sein. Die Ausdehnung des Privatbesitzes auf alle Menschen würde zu der Gründung eines neuen politischen Wirtschaftssystems führen. Regierungen sollten Wirtschaftsaktivitäten anregen. Die Energie des Einzelnen kombiniert mit Kreativität würde zu einem höchst produktiven Ergebnis zum Nutzen des Individuums und der Gesellschaft führen. Dieses System würde auch einen höheren Grad an Ausgeglichenheit in Bezug auf Produktion und Einkommen erreichen sowie an Angebot und Nachfrage. Heute sind solche Unausgeglichenheiten und Ungleichgewichte die hauptsächlichen Gründe für unsere Wirtschaftsprobleme. Da die Hochtechnologie heute schnell die Weltwirtschaft umwandelt, müssen wir die produktiven Tätigkeiten und den Fortschritt koordinieren.

Alle unsere derzeitigen wirtschaftspolitischen Theorien und -systeme sind die Produkte einer bestimmten Zeit unter bestimmten Bedingungen. Da sich Bedingungen ändern, sollten auch unsere Verfahrensweisen und Systeme angepasst werden. Indem wir uns jetzt in einem vorgerückteren Stadium der wirtschaftlichen Entwicklung befinden und sich die Weltwirtschaft und die Gesellschaft geändert haben, sind unsere gegenseitigen Interessen international geworden. Die heutigen Nationen können sich nicht mehr völlig autark verhalten. Sie sind vom Markt und von den finanziellen und technologischen Hilfsmitteln abhängig, die für ihre wirtschaftliche Entwicklung und ihren Fortschritt notwendig sind. So sind sowohl die frühere Form des Kapitalismus als auch der ehemalige Sozialismus und der utopische Kommunismus veraltete Theorien und Systeme. Wir können von ihnen nicht mehr länger abhängig sein. Jetzt müssen wir uns neuen Herausforderungen stellen und eine neue Ära der weltweiten Zusammenarbeit fördern. Wir müssen in Wissenschaft, Forschung und Technologie die erstarrten Grenzen überschreiten und versuchen, ein Leben in Wohlstand für alle Menschen zu erreichen. Wir müssen ein neues internationales Programm zur Steigerung der Wertschöpfung und Ressourcennutzung schaffen. Obgleich wir jetzt mitten in einer industriellen Revolution der Hochtechnologie sind und unsere Wirtschaft auf der Ausweitung des internationalen Handels basiert, halten wir noch an überholten wirtschaftlichen und politischen Bedingungen fest und sind noch in veralteten Produktionsbegriffen verhaftet. Wir müssen ein neues Wirtschaftssystem errichten, in dem jedem Menschen eine Chance eingeräumt wird, sich aktiv zu engagieren und an der Produktivität und neuem Wohlstand teilzuhaben. Wie können wir die Teilnahme aller Menschen an der Produktion erzielen? Das ist das Thema unserer Studie. Wir nennen sie „Sozialer Kapitalismus".

I

Das Wesen der Gesellschaft und des Fortschritts

1

Es liegt in der Natur des Menschen, in Gruppen zu leben. Nach Ansicht der Anthropologen haben wir immer ein kollektives soziales Leben geführt. Als Einzelgänger sind unsere Fähigkeiten nur begrenzt. Wir benötigen die Gemeinschaft, um in einer rauen und einsamen Welt zu überleben. Dadurch, dass wir darauf angewiesen sind, zusammen zu arbeiten, bilden sich Gruppen und kollektive Lebensformen. Mit anderen Worten: Eine Gesellschaft basiert auf Bedürfnissen und gemeinsamen Interessen ihrer Mitglieder. Diesem Umstand zufolge entwickelt sich kooperatives Bewusstsein. Die Zusammenarbeit der Menschen einer Gesellschaft spielt die eine zentrale Rolle.

Wenn wir die Geschichte unserer Sozialisation von den frühen Zeiten der Sippen oder Stämme bis hin zu den heutigen modernen Nationen studieren, ist das Prinzip der Zusammenarbeit hinreichend belegt. Das System der Sippe oder des Stammes führte zum gemeinsamen Jagen und zum Kollektivbesitz. Später gab es Familienbesitz und ein entsprechendes Arbeitssystem. Im Feudalzeitalter gab es individuellen Familienbesitz und ein System abhängiger Arbeit. Heute basiert unsere Gesellschaft, trotz unseres Respekts vor dem Individuum, auf einer hochgradigen Arbeitsteilung, bei der jeder von vielen anderen abhängig ist. Alle vorhergehenden Systeme waren im Grundsatz von Natur aus kooperativ. Denn ohne Zusammenarbeit würde es keine Leistung gegeben haben. In jeder unserer früheren Gesellschaften würde das Leben des Menschen im gleichen Stadium geblieben sein wie das der Tiere.

Wir sind von Natur aus kooperativ veranlagt. Der Umfang der Zusammenarbeit jedoch ist begrenzt auf eine Gruppe von Personen, die ein gemeinsames Interesse verbindet. Unsere Beziehungen sind von unseren

Lebensverhältnissen begrenzt. Wenn die Lebensverhältnisse erweitert werden, vermehren sich auch die Beziehungen und die Zusammenarbeit. In einer Sippe und in einem Stamm basierte die Zusammenarbeit auf Blutsverwandtschaft. In den Feudalzeiten vergrößerte sich die Gesellschaft und bezog eine breitere Gemeinschaft ein. Heute schließt die moderne Gesellschaft Nationen mit ein, die in vielfältigen voneinander unabhängigen Gemeinschaften miteinander leben. So erweitert sich der Bereich der Gemeinschaft ständig, wird aber zugleich auf eine Nation begrenzt.

Da die Gesellschaften ihre Zusammenarbeit auf unmittelbar interessierte Gruppen beschränkten, hat die Geschichte Konflikte wie Kriege unter Sippen und Stämmen, Feudalkriege und die aktuellen nationalen und internationalen Kriege hervorgebracht. Diese Konflikte waren zurückzuführen auf unser begrenztes soziales Bewusstsein und auf die dazugehörigen Interessenkonflikte. Gelegentlich verursacht auch das Gefühl von Überlegenheit eines Volkes einen Konflikt. Im Laufe der Geschichte begingen ehrgeizige Männer und Demagogen aggressive Handlungen, die häufig zum Krieg führten. Solches Verhalten ist offensichtlich eine Art sozialer Krankheit und führt zu einer sozialen Katastrophe. Es ist eine Form von sozialer Abweichung, weil es die Gesellschaft von ihrem natürlichen Entwicklungskurs abbringt. Dies entspricht *nicht* dem Gesetz zur Auswahl der Geeignetsten, damit nur die Besten überleben.

Im geschichtlichen Lauf der Gesellschaft hat es auch unharmonische soziale Verhältnisse gegeben, die in Interessenkonflikten endeten. Solche sozialen Konflikte sind in der Regel auf einen Konflikt der Interessen zurückzuführen, der aus vorgegebenen Bedingungen resultiert. Ein soziales System muss sich ständig neuen Herausforderungen anpassen, um neu entstandenen Wünschen der Menschen gerecht werden zu können. Wenn diese Änderung durch einen gewaltsamen Akt hervorgebracht wird, handelt es sich um eine Revolution.

Eine soziale Revolution ist nicht, wie Karl Marx gesagt hat, das Ergebnis einer Konfrontation von zwei Gesellschaftsschichten. Auch bringt eine Revolution nicht notwendigerweise eine soziale Verbesserung mit sich. Wie uns die Geschichte gelehrt hat, ist die Entwicklung der antiken Gesellschaft zur Feudalgesellschaft nicht durch den Kampf zwischen den zwei größten Wirtschaftsschichten, der Sklaven gegen ihre Herren, hervorgegangen. Ebenso wenig ist die heutige kapitalistische Gesellschaft das Ergebnis eines Kampfes der Leibeigenen gegen den Adel. Die Wurzeln aller sozialen Revolutionen liegen viel tiefer und entspringen nicht einfach den Interessen von nur einer Gesellschaftsschicht. Von einem historischen Gesichtspunkt aus gesehen, muss sozialer Wandel das Ergebnis von Zusammenarbeit sein und nicht lediglich aus der Konfrontation von Klassen resultieren.

Konflikte verschiedener soziale Klassen sind die Symptome und nicht die Ursachen unserer sozialen Probleme. Der Zustand der Gesellschaft ändert sich ständig, dadurch ändern sich auch unsere Lebenssituation, unsere Bedürfnisse und Wünsche. Nur wenn wir dieses Grundprinzip verstehen, erkennen wir auch, dass ein sozialer Konflikt nicht notwendigerweise zu sozialem Fortschritt führt.

2

Das Prinzip der Zusammenarbeit ist die Grundlage unserer Gesellschaften, eine Tatsache, die von vielen von uns in zunehmendem Maße erkannt wird. In der heutigen Gesellschaft gibt es viele Arten von Handelsorganisationen. Zwischen den Nationen gibt es ebenso viele Arten internationaler Institutionen. Hier sind vor allem die früheren Handelskammern, Industrieverbände und Fachverbände zu nennen. Eine der bekanntesten Institutionen sind die Vereinten Nationen. Daneben gibt es aber auch viele andere internationale Vereinigungen, die für spezielle wirtschaftliche Interessen gebildet wurden, wie die Welthandelsorganisation, der Internationale Währungsfonds und die Weltbank. Es gibt auch Organisationen, die ausschließlich der Wohlfahrt der Menschen dienen, wie das Rote Kreuz, die Rotarier oder der Y.M.C.A. Alle diese Vereinigungen arbeiten nach dem Grundsatz der Zusammenarbeit, um ein gemeinsames Ziel zu erreichen. In der Vergangenheit war der gegenseitige Interessenaustausch weder zwischen den Individuen noch den Nationen besonders ausgeprägt. In Wirtschaft und Handel wurden Geschäftsideen geheim gehalten. In internationalen Angelegenheiten hat es nie eine Organisation auf gegenseitigem Interesse gegeben, und jede Nation betrachtete die andere als Gegner oder stufte sie als unwichtig ein. Seit der industriellen Revolution hängt jede Nation wegen der Trennung von Handel und Produktion von der anderen ab. Dadurch wurde das Verständnis der Menschen verändert. Jetzt erkennen wir, dass in unserer neuen Wirtschafts- und Weltstruktur die Völker und Nationen gleichermaßen ein integriertes soziales Leben und nicht den Lebensstil der Vergangenheit führen. Heutzutage benötigen wir im Geschäftsalltag, im Handel oder in der Produktion so viel Wissen über Herstellverfahren und Verbraucherdaten wie möglich, um konkurrenzfähig bleiben zu können. Dazu müssen wir mit den technologischen Innovationen und den gesellschaftlichen Änderungen Schritt halten. Um es noch einmal zu sagen: Alle Nationen brauchen die Ressourcen, die Märkte, die Finanzen und die technologische Unterstützung voneinander, um ihre eigenen wirtschaftlichen Bedürfnisse zu befriedigen und ihr industrielles Überleben zu sichern. Das heißt, wir leben jetzt in einer neuen Ära, in der die Volkswirtschaft Weltbedeutung erreicht hat anstatt lediglich von nationalem Interesse geleitet zu sein.

In den ersten Tagen des Kapitalismus benutzten die Industrienationen ihre politische Macht, um sehr große Handelsgewinne zu erzielen. Diese Politik verursachte die so genannte koloniale Ausbeutung oder den „Imperialismus". Seit dem Zweiten Weltkrieg ist uns allen bewusst, dass diese Art der unterdrückenden Ausbeutung auf lange Sicht nicht beibehalten werden kann. Heutzutage hat sich die Mentalität der Menschen geändert, und inzwischen überwiegen die Kosten zur Beibehaltung von Kolonien bei weitem ihre Vorteile. Die neue Politik hat als Maxime den freien Handel. Die Industrienationen helfen den Entwicklungsländern dabei, ihre Industrien aufzubauen bzw. zu modernisieren und mit ihnen Handel zu betreiben. Diese Handelspartnerschaften verbessern die Wirtschaftsbeziehungen und tragen zur Erhöhung des Lebensstandards beider Seiten bei. Daraus ergibt sich eine beständige und dauerhafte Beziehung für alle beteiligten Nationen, die auf gegenseitigem Interesse und gegenseitigem Nutzen basiert.

Obgleich heute allgemein unstrittig ist, dass die Zusammenarbeit zwischen Menschen und Ländern wichtig ist, ist dennoch der Umfang solcher Zusammenarbeit noch begrenzt oder nicht vollständig entwickelt. Unsere sozialen und internationalen Beziehungen haben sich noch nicht so verbessert wie sie sollten. Wir leben noch in einer feindlichen Welt, in einem Zustand, der schließlich zur Selbstzerstörung der Zivilisation führen könnte. Wir leben jetzt im 21. Jahrhundert. Wir sollten gelernt haben, wie wir mit den verschiedenen Nationen, Regionen, Ideologien und Rassen leben können. Um allen Völkern Wohlstand zu bringen, sollten Kriege und Konfrontationen vermieden werden, denn sie verursachen bei allen Beteiligten nur Verzweiflung und Zerstörung. Blicken wir zurück auf die Geschichte unserer Vergangenheit von Beginn der Menschheit an. Zuerst gab es feindliche Auseinandersetzungen zwischen Sippen, die dazu führten, dass sich verschiedene Stämme und Regionen bildeten. In der Folge entwickelten sich daraus Nationen. In früheren Zeiten gab es Kriege zwischen Nationen oder Religionen, wie der Krieg der Römer gegen die Christen. Schließlich kam es dazu, dass die Römer den christlichen Glauben annahmen. In der Feudalzeit gab es Kriege zwischen Nationen wie der Krieg zwischen Frankreich und England oder die kriegerischen Auseinandersetzungen zwischen Deutschland und Frankreich. Der Krieg zwischen Frankreich und England begann im 14.

Jahrhundert und dauerte einhundert Jahre an. Später mussten diese beiden Länder ein Bündnis eingehen, um sich gegen einen deutschen Angriff zu verteidigen. Deutschland war eine der kriegführenden Parteien im Dreißigjährigen Krieg und Hauptverursacher zweier Weltkriege. Alle Länder erlitten schwere Verluste. Deutschland verlor besonders im 2. Weltkrieg viele Menschen und Güter und musste das ganze Land aus Trümmern wieder aufbauen. Danach bildeten diese Länder den Europäischen Gemeinsamen Markt und wurden gegenseitig zu wichtigsten Handelspartnern. Sie genießen Frieden und Wohlstand, ohne sich gegenseitig zu bedrohen.

Im 19. Jahrhundert benutzten die westlichen Mächte ihre Kanonenbootpolitik zur Kolonialisierung der afrikanischen und asiatischen Länder. Wegen der schweren finanziellen und politischen Belastungen zogen sie es jedoch nach dem 2. Weltkrieg vor, ihnen ihre Unabhängigkeit zurückzugeben. Nun entwickelten die afrikanischen und asiatischen Länder eigenständige Volkswirtschaften, wurden Handelspartner und fingen an, aus ihrer wirtschaftlichen Entwicklung gegenseitigen Nutzen zu ziehen. Aus der ideologischen Konfrontation der Faschisten und der ehemaligen Sowjetunion gegen alle freien demokratischen und kapitalistischen Staaten folgten Hochrüstung und Kalter Krieg. Der Faschismus verlor seine Bedeutung vollends und verschwand. Nach mehr als 70 Jahren kommunistischer Herrschaft lebten die Menschen in der ehemaligen Sowjetunion, verglichen mit dem höheren Lebensstandard der kapitalistischen Nationen, noch immer in relativer Armut. Schließlich zerbrach das Staatengebilde der UdSSR. Obgleich es noch einige kommunistische Länder gibt, ist ihre politische und wirtschaftliche Rückständigkeit allgemein offenkundig. Eine Verbesserung dieser Situation ist nicht in Sicht. Chinas kommunistischer und so genannter Reformer Deng Xiaoping äußerte sich 1979. China lag 30 Jahre hinter der Entwicklung der Industrienationen zurück. Deng Xiaopings neue Politik sah vor, die Gründung von Privatunternehmen zu erlauben und die freie Marktwirtschaft wieder einzuführen, um Chinas Volkswirtschaft erneut aufzubauen. Die arabischen Staaten sind Israel seit mehr als 50 Jahre feindlich gesinnt. Daran hat sich bis heute nichts geändert. Hass und Terror konnten sich eher noch ausweiten. Die Palästinenser können ihr Heimatland noch immer nicht permanent in Besitz nehmen. Die Ägypter verhandelten zuerst über einen Friedensvertrag mit den Israelis, der Ägypten erlaubt, seinen inneren Frieden wiederzuerlangen und sich zugunsten seines Volkes auf seine wirtschaftliche Entwicklung zu konzentrieren. Jetzt engagieren sich auch die Palästinenser und Israelis in der Friedensvermittlung. Nur kleine Gruppen militanter Moslems verhalten sich kontraproduktiv. Ihr ausgeprägter Hass und ihre terroristischen Aktivitäten schaden nicht nur ihren Feinden, sondern auch ihrem eigenen Volk. Die Spirale von terroristischen Aktivitäten und der ebenfalls militanten Reaktion der jeweils anderen Seite dreht sich immer schneller. Dadurch wird die Aussicht einer umfassenden Lösung des Konflikts immer geringer. Wenn die militanten Moslems ausreichend tief darüber reflektierten, müssten sie erkennen, dass ihr Tun keine Probleme löst, sondern den Konflikt eher noch verstärkt. Das belegt auch, dass durch eine Konfrontation keine Ergebnisse erzielt werden können. Die Menschen müssen mit diesen Konsequenzen leben. Nur Ignoranten unternehmen Handlungen ohne Hoffnung auf ein Ergebnis ihrer Agitation. Dieser Prozess ist noch problematischer, wenn die scheinbaren Ergebnisse entgegen der ursprünglichen Absicht gegenteilige Effekte mit sich bringen. Aus diesen Gründen sollte sich die Ansicht durchsetzen, dass alle Konfrontationen unproduktiv sind.

Folglich können nur Koexistenz und Zusammenarbeit zum Nutzen aller Seiten zu Wohlstand führen. Die USA zum Beispiel befürworteten Demokratie und Freiheit als die neue Grundregel der Nation, nachdem es ihnen gelungen war, die Unabhängigkeit von Großbritannien zu gewinnen. Nach dem Bürgerkrieg wurde die Sklaverei abgeschafft. Nach dem 2. Weltkrieg wendeten sie sich gegen den Rassismus. Wegen dieser Vereinbarungen der USA mit allen ihren unterschiedlichen Bevölkerungsgruppen, Religionen, Rassen und Ideologien, können sie friedlich leben und viele neue Ideen, Innovationen und Technologien entwickeln, mit denen keine andere Nation konkurrieren kann. Dieses ist ein weiterer Beweis, wie erfolgreich eine Politik der Koexistenz und Zusammenarbeit ist.

3

Unsere Grundbedürfnisse nach Nahrung und Gütern bilden die Grundlage für die Wirtschaftsaktivitäten aller Gesellschaften. Die Produktivität der Wirtschaft ist ein Indikator für ihren Fortschritt. Die treibende Kraft Produktivität, zu entwickeln, hängt davon ab, ob der Mensch fähig ist, sich auf verändernde Lebensbedingungen einzustellen. Da sich die Lebensumstände ständig ändern, werden in den Menschen kontinuierlich neue Bedürfnisse und Wünsche erzeugt. Zur ständig neuen Bedürfnisbefriedigung sind die Menschen auf den effizienten Einsatz ihrer Intelligenz und ihrer Fähigkeiten angewiesen. Die subjektiven Erwartungen und Bedürfnisse der Menschen sowie ihre Fähigkeit, sich auf die sich ändernden Bedingungen einzustellen, sind die treibende Kraft des sozialen Fortschritts. Obgleich der Mensch die Welt nicht aus der Phantasie heraus gestalten kann, ist die Beziehung zwischen dem subjektiven Bewusstsein und dem objektiven sozialen Ist-Zustand interaktiv, weil sich beide Seiten wechselseitig beeinflussen. Im Gegensatz zu der Lehre von Karl Marx, dass nur die ökonomische Basis die Ideen der Menschen ändere, ist es das Bewusstsein des Menschen, das für die Veränderungen in der Gesellschaft verantwortlich ist. Nach einer Prämisse der Marxschen Theorie des dialektischen Materialismus wird bestritten, dass die Intelligenz und die geistige Entwicklung des Menschen dominierende Elemente im sozialen Lebensgefüge sind. Wenn man diese Annahme als richtig unterstellt, sind die Menschen nur Sklaven der Natur oder Gefangene des wirtschaftlichen Machtgeflechts. Wie können wir so viele unterschiedliche Entwicklungen und den Fortschritt in so vielen unterschiedlichen Völkern und Nationen mit dieser Theorie erklären?

Die Entwicklung vieler Staaten stimmt nicht mit der historischen Formel von Marx überein. Z. B. entwickelte sich China nie zu einer Gesellschaft nach westlichem Vorbild. Auch als die Feudalgesellschaft in China nach der Chow Dynastie vor ungefähr 2200 Jahren endete, lebte sie als Agrargesellschaft weiter. Nach Marx` Theorie hatte die kapitalistische Gesellschaft im Westen ihren Höhepunkt ungefähr 1849, zu der Zeit des Kommunistischen Manifestes. Seiner Auffassung nach gab es nur noch wenige Kapitalisten, die sich den Massen der Arbeiter entgegenstellten, was zweifellos zu der so genannten kommunistischen Revolution führen musste. Keine seiner Theorien wurde jedoch Wirklichkeit. Im Gegenteil, die heute erfolgreichsten kapitalistischen Nationen wie die Vereinigten Staaten von Amerika, Großbritannien, Frankreich und Deutschland machen weiterhin gute Fortschritte und genießen immer größeren Wohlstand. Alle diese geschichtlichen Tatsachen belegen, dass Karl Marx` Theorie vom dialektischen Materialismus falsch ist. Tatsächlich ist Marx` kommunistische Theorie eher eine politische Theorie als eine wirtschaftliche oder soziale.

Karl Marx sagte, dass die Wirtschaftsstruktur die Grundlage eines sozialen Systems sei. Wir möchten wissen, welche Kraft den wirtschaftlichen Fortschritt anregt. China ist eine der Nationen, die am frühesten zivilisiert war. Die industrielle Revolution fand jedoch nicht in der 5000 Jahre alten Kultur Chinas statt, sondern in Europa, wo die kulturelle Entwicklung erst vor ungefähr 2000 Jahren begann. Das ist auch darauf zurückzuführen, dass jede Nation ihre eigenen besonderen Lebensumstände hat, und sich folglich auch sehr unterschiedliche Ideen und Reaktionen entwickeln.

In früheren Zeiten, als das Bevölkerungswachstum noch ausgeprägter war, konnten ursprüngliche Herstellmethoden die Bedürfnisse der Menschen nicht mehr befriedigen. Neue Technologien und Innovationen mussten den Bedürfnissen der wachsenden Bevölkerung Rechnung tragen, und dieses Wachstum wiederum erhöhte die Produktivität. China lebte isoliert und nahm nicht zur Kenntnis, dass noch eine andere Welt außerhalb Chinas existiert. Erst nach der Han Dynastie vor ungefähr 2100 Jahren, erfuhr China, dass es auch noch eine andere Welt gab. Wegen des Kontaktmangels und der schlechten Kommunikation hatte dieses keinen besonderen Einfluss auf das Leben der Chinesen. China war eine isolierte kontinentale Gesellschaft. Die Wirtschaft war statisch, der Handel stagnierte und große Geschäftätigkeiten konnten sich nicht entwickelten. In Europa war es ganz anders. Es bestand aus vielen kleinen Ländern, jedes mit einer anderen Charakteristik, die miteinander Handel trieben. Besonders in den von Meer umgebenen Ländern wie Italien, Spanien und Großbritannien war der Überseehandel von wesentlicher wirtschaftlicher Bedeutung. Als die Briten den Weg nach Indien und später zur neuen Welt Amerika freigaben, hatten sie eine geographisch vorteilhafte Position. Der Außenhandel blühte in einem solchen Ausmaß, dass es Großbritannien ermöglichte, außerordentlich hohe Gewinne zu erzielen. Ganz Europa folgte dem Weg dieser Länder im Außenhandel. Die heutige industrielle Revolution resultiert aus der Motivation der Menschen und ihrer Fähigkeit, neuen wirtschaftlichen Fortschritt zu erzielen. Als die industrielle Revolution hereinbrach, änderten sich die Lebensumstände der Gesellschaft entsprechend. Da die Volkswirtschaft, die Politik und die sozialen Strukturen zusammenhängen, ziehen Änderungen in einem Tätigkeitsfeld Änderungen auf den anderen Gebieten nach sich. Ein neues Wirtschaftsleben erfordert Änderungen in der sozialen Struktur, um sich den neuen Gegebenheiten anpassen zu können.

4

Der Fortschritt der Gesellschaft von einer Stufe zur nächsten beruht auf der Fähigkeit der Menschen, ihre Bedürfnisse den veränderten Lebensbedingungen anzupassen. Mit anderen Worten, Willenskraft und die Bedürfnisse der Menschen spielen in der gesellschaftlichen Entwicklung eine wesentliche Rolle. Wenn eine Revolution keine Verbesserung des Lebenszustands erzielt, führt das zu einem Ungleichgewicht im sozialen Verhältnis. Im Laufe der Geschichte haben wir viele politische Revolutionen erlebt, die keine positiven sozialen oder wirtschaftlichen Änderungen ergaben. China erfuhr in seiner mehrere tausend Jahre andauernden Geschichte viele politische Revolutionen aufgrund von Korruption oder dem Wunsch des Volkes nach einer besseren politischen Ordnung. Damit war jedes Mal ein Wechsel der Dynastie verbunden, jedoch keine Änderungen oder Verbesserungen für die Bevölkerung. In der gleichen Weise waren die Revolutionen in Afrika, Asien, Zentral- und Südamerika, und besonders in Osteuropa, das Ergebnis der Opposition der Menschen zum Kolonialimperialismus beziehungsweise zur Diktatur. Dennoch werden keine neue soziale Ordnung oder Verbesserungen im Wirtschaftsleben erzielt. Entsprechend der Theorie von Karl Marx wurden diese Revolutionen durch den Kampf zwischen den gegensätzlichen wirtschaftlichen Klassen verursacht. Wenn wir die russische Revolution von 1917 analysieren, kann man klar erkennen, dass es sich in Wirklichkeit nur um einen öffentlichen Aufstand gegen die autokratische Herrschaft des Zaren handelte. Wir wissen, dass die Bolschewiken nicht die Zustimmung der Mehrheit des Volkes hatten, als es ihnen später gelang, politische Macht zu erlangen und dem Volk das kommunistische System aufzuzwingen. Die Bolschewiken waren nur eine kleine Gruppe engagierter Ideologen, die der Nation eine neue Art totalitärer Regierung aufdrängte. Dieses belegt, dass die Überzeugung des Menschen dem Sozialsystem seine Ideen auferlegen kann. Da Russland zur Zeit der Revolution eines der unterentwickeltesten Länder war, in dem weder die kapitalistische noch die proletarische Schicht völlig entwickelt war, entwickelten sich die wichtigen wirtschaftlichen Kräfte kontrovers. Dieses Stadium der Revolution eines Sozialsystems war ein entscheidendes Vorspiel zu Marx` Vorhersage des Zusammenprallens zweier Klassen, der schließlich zu einem kommunistischen Staat führen würde. Die Revolution Sowjetrusslands entwickelte sich nicht in Übereinstimmung mit der Theorie des dialektischen Materialismus von Karl Marx. Dieses trifft in gleicher Weise auch auf andere kommunistische Revolutionen in Asien, Osteuropa und in Mittelamerika nach dem Zweiten Weltkrieg zu.

Ein kommunistischer Führer zur frühen Zeit des kommunistischen Jugoslawiens, Vizepräsident M. Djilas, gab später in seinem Buch „Die neue Klasse" zu, dass der dialektische Materialismus von Karl Marx falsch ist. Es bleibt fast nichts mehr übrig vom ursprünglichen Marxismus. Im Westen war er ausgestorben oder war dabei, auszusterben. Im Osten, als Ergebnis aus dem Aufbau der kommunistischen Ordnung, blieb nur ein Überrest des Formalismus und Dogmatismus von Marx` Dialektik und Materialismus. Dieser wurde zum Zweck der Herrschaftssicherung benutzt, um Tyrannei zu rechtfertigen und menschliches Gewissen zu verletzen. Revolutionärer Marxismus wurde in den industriell unterentwickelten Osten, wie Russland und China, verpflanzt. Die anderen osteuropäischen Länder, wie das ehemalige Ostdeutschland, Polen, Tschechoslowakei, Ungarn, Rumänien, Bulgarien und Jugoslawien, erlebten keine Revolution, weil ihnen das kommunistische System durch die Macht der

Armee der ehemaligen Sowjetunion aufgezwungen wurde. Die Geschichte zeigt, dass es nicht immer der Mehrheit überlassen ist, die Regierungsbildung vorzunehmen. Oft setzt sich die Minderheit durch und übernimmt die Verantwortung für die Geschicke des Staates.

Die Menschen bilden die Gesellschaft. Es liegt in der Natur der Gesellschaft, kooperativ zu sein. Wir wurden nicht frei und gleich geboren. Sogar unsere Existenz hängt von unseren täglichen Bemühungen ab. In unserem Kampf gegen die Natur und gegen die anderen sollten wir nicht die soziale Grundregel von Zusammenarbeit und von Harmonie vergessen. Wir sollten nie in eine Konfrontation auf Leben und Tod miteinander geraten. Die Ursache unserer gesellschaftlichen Klassenkonflikte liegt in dem Wunsch, ein besseres oder neues kooperatives soziales Verhältnis zu erzielen. Wenn wir uns in die Gewalt flüchten, und die Gewalt als Mittel zur Zielerreichung einsetzen, sollten wir nicht vergessen, dass die Zusammenarbeit das Ziel ist. Wir müssen uns auch daran erinnern, dass ein Kampf ohne kreativen Zweck nichts bewirkt außer Chaos. Im Laufe der Geschichte haben wir viele Revolutionen ohne ein rationales Programm gesehen, die nichts erreichten außer Selbstzerstörung und die Vorherrschaft und Kontrolle der Demagogen in einem noch schlechteren politischen Zustand und in sozialer Unterdrückung. Warum gibt es im zwanzigsten Jahrhundert noch eine Wiederbelebung der überholten autokratischen Regierungsform, wenn demokratische und freie Ideen vorherrschen? Ihre autoritäre Macht ist noch totaler als die der letzten Monarchien. Obgleich wir das demokratische politische System aufgebaut hatten, soll die Struktur der Regierung dieselbe sein wie in der Zeit der Monarchie, mit politischen Interessen vor allen anderen. Dieses war die Ursache des Wandels von der Demokratie zur autokratischen Ordnung. Wegen der politisch leistungsfähigen Regierung setzt der Regierungschef seine politische Macht dazu ein, um über seine Richtlinien zu entscheiden. Wenn demzufolge irgendwelche sozialen oder wirtschaftlichen Probleme aufkommen, basiert der Lösungsweg der Regierung immer auf dem jeweiligen politischen Interesse. Manchmal führt das zur Bildung einer Diktatur. Die Diktaturen sind reaktionäre Bewegungen, das Gegenstück zum Fortschritt, also nur tragische Fehler bei der Suche des Menschen nach politischer und sozialer Entwicklung.

II

Privateigentum

1

In der Geschichte der Menschheit ist das meist diskutierte und umstrittenste Thema das Privateigentum. Da dieses System in unserem sozialen Leben so wichtig ist, sollten wir es im Detail studieren und seine unterschiedlichen Formen zu den geschichtlich unterschiedlichen Zeiten analysieren. Nur so können wir seine Auswirkungen auf unsere Wirtschaft und Gesellschaft auswerten.

In der ursprünglichen Gesellschaft gab es keinen individuellen Privatbesitz, sondern nur den so genannten „kollektiven Besitz". Die frühere Gesellschaftsform war die Sippe oder der Stamm, die eine Personengruppe darstellte, die miteinander blutsverwandt war. Innerhalb dieses gemeinsamen oder kollektiven Besitzes arbeiteten die Menschen zusammen und teilten den Lohn oder die Sachleistungen in der Gruppe auf. Die Sippe oder der Stamm entwickelte sich später zu einer kleineren Anzahl von vertrauten Personen - die Familie. Seit diesem Zeitpunkt änderte sich der kollektive Besitz hin zu einer Form von kommunalem Familienbesitz. Als die frühe primitive Produktion den steigenden Bedarf der Bevölkerung nicht mehr erfüllen konnte, entwickelte sich das Nomadenleben des Jagens und Fischens stufenweise zu einer beständigen Gesellschaft mit Ackerland und Viehzucht. Zu dieser Zeit wurde das Ergebnis des Bewirtschaftens und Züchtens der Arbeit der ganzen Familie zugeschrieben. Also gehörten die Produkte auch den Personen, deren Familie das Land bearbeitet hatte. Am Anfang wurde Land noch im kollektiven Besitz einer Sippe oder eines Stammes gehalten, denen gewährt wurde, dieses Land für eine zeitlich festgelegte Periode zu bearbeiten. Dieser Besitz konnte auf eine weitere Periode ausgedehnt werden. Da die Methoden zur Bewirtschaftung von Land allmählich verbessert wurden, wurde ebenso die Zeit zur Bearbeitung des Landes immer wieder verlängert, bis es schließlich in Privatbesitz überging. Aber mit dem Privatbesitz war nicht gemeint, dass der Besitz an eine einzelne Familie, sondern an eine Gruppe von mehreren Familien überging. Diese besondere Form des Privatbesitzes wurde für eine gewisse Zeit beibehalten und entwikkelte sich dann allmählich in die frühe Feudalgesellschaft. Zu der Zeit konnten Land und Eigentum nicht als Gebrauchsgüter verkauft werden und die Menschen hatten nur das Recht, das Land zu bearbeiten und es dann an ihre Familien weiterzugeben.

Während die Feudalgesellschaft Fortschritte machte, führte die Entwicklung von Produktivität und Handwerk zu wirtschaftlichen Aktivitäten und schließlich zum Handel. Als die wirtschaftliche Entwicklung die gesamte Gesellschaftsstruktur umwandelte, entstanden erst Dörfer und später Städte. Wenn zunächst die Produktion hauptsächlich zum Eigenbedarf genutzt wurde, konnte sie jetzt zum Handel oder für geschäftliche Zwecke verwendet werden. Der Handelswert war sogar höher als der Gebrauchswert. Das heißt, die Produktion wurde mehr für die Gewinnmaximierung als für den eigenen Gebrauch genutzt. Da die Menschen mehr Anreize hatten zu produzieren, erhöhten sich die Produktivität und der Gewinn. Mit der Zeit wurde sogar das Land zum Investitionsgut. Die Ansammlung von noch mehr Land durch die Vermögenden führte zu der Bildung von persönlichem Privatbesitz, der allmählich das ehemalige System des Kommunalbesitzes durch die Familie ersetzte.

Die Geschichte der Entwicklung des Privateigentums zeigt, dass die Gesellschaft allmählich organisiert wurde. Der Gewinn und die sich durch die Arbeit des Einzelnen ergebende Vermehrung des privaten Wohlstandes sorgten dafür, dass die Menschen motiviert waren, hart zu arbeiten. Ohne diesen Beweggrund gab es keinen Ansporn, härter als nötig zu arbeiten, um die bloßen Bedürfnisse des Lebens zu befriedigen. Unsere Gesellschaft hat Fortschritte gemacht, vom Einsatz einfacher Produktionsmethoden bis hin zu neuen Technologieinnovationen, anspruchsvollen Handelsmethoden und Produktivitätssteigerungen, die unseren Reichtum und Wohlstand hervorgebracht haben. Dieser Fortschritt wurde durch den Aufbau des Privatbesitzes möglich. Seine Auswirkungen auf das soziale Leben sahen so aus, dass die Menschen nicht länger nur von der Gesellschaft abhängig waren, sondern auch freier wurden und sich ihrer individuellen Persönlichkeit und Wahlmöglichkeit bewusst waren. Diese Gefühle führten zur Gründung der heutigen individualistischen Gesellschaft mit ihrer freien Wirtschaft und der freien Wahl der gewünschten Politik.

So wie die Wünsche der Menschen immer mehr variieren, so unterschiedlich sind auch ihre Tätigkeiten. Dadurch macht die Gesellschaft

Fortschritte. Wir müssen wissen, dass alle Menschen von Grund auf egoistisch sind. Wenn sie arbeiten sollen, müssen wir ihnen Gewinnanreize geben. Wenn sie nicht hungrig sind, gehen sie nicht auf die Jagd, um Nahrung zu suchen. Wenn es den Menschen an Ehrgeiz mangelt, werden sie nicht hart arbeiten, so dass das Niveau der Vergütung dem der Arbeit entsprechen sollte.

In der Geschichte der menschlichen Entwicklung können wir erkennen, dass das alte System des kollektiven Besitzes die Motivation der Menschen hart zu arbeiten blockierte. Z.B. waren die Stämme am Anfang der Agrargesellschaft auf primitive Methoden zum Ackerbau angewiesen, wie Graben mit einem Stock und einer Hacke, so dass die Produktivität sehr niedrig war. Um jedoch genügend Nahrung für die wachsende Bevölkerung zur Verfügung zu stellen, musste die Produktivität verbessert werden. Neue Bearbeitungstechniken mussten entwickelt werden und Vergütungsanreize für harte Arbeit und größere Bemühungen waren gefordert. So musste der kollektive Landbesitz zum Familienbesitz übergehen, was als Anreiz diente. Seit dieser Änderung wurde die Arbeit angemessener vergütet und die Produktivität gesteigert. Die industrielle Revolution war das Ergebnis des blühenden Handelsgeschäfts. Im 16. und 17. Jahrhundert öffnete sich der internationale Handelsmarkt, hauptsächlich in Indien und Amerika. Diese neuen Absatzmärkte regten die Bemühungen der gewinnorientierten Menschen an. Vom historischen Gesichtspunkt aus gesehen entwickelte sich der Privatbesitz über einige tausend Jahre hinweg. Der Privatbesitz wurde nach dem System des Kollektivbesitzes aufgebaut. Der Wert der einzelnen Bemühungen wurde anerkannt. Es gibt keinen Zweifel, dass der Privatbesitz die Produktivität sehr stark verbessert und die Produktionstätigkeiten ausgedehnt hat.

2

Obgleich der Privatbesitz vor ziemlich langer Zeit eingeführt wurde, hat sich seine Wirkung auf die Gesellschaft aufgrund unterschiedlicher Produktionsmethoden und Gesellschaftsstrukturen verändert.

Heutzutage verwendet eine kapitalistische Gesellschaft mechanische Produktionsmethoden und konzentriert sich in den Fabriken auf eine Kombination zwischen Mensch und Maschine. Der so gestaltete Produktionsprozess führte zu hoher Produktivität und einer hochgradigen Arbeitsteilung. Die Anforderungen an die Fähigkeiten des einzelnen Arbeiters sind im Produktionsprozess gesunken, aber seine Produktivität hat sich stark erhöht. Z.B. musste sich ein Weber früher Fähigkeiten vom Spinnen, Weben und Färben aneignen, damit er mit dem gesamten Produktionsprozess vertraut war. Die gesamte Bandbreite der für den Produktionsprozess erforderlichen Fähigkeiten kann ein einzelner Mann über einige Jahre erwerben. Mit fortschreitender Industrialisierung kann der Produktionsprozess in kleinere Schritte unterteilt werden. Jeder Arbeiter muss nur noch auf einem Gebiet des gesamten Spinnprozesses geschult werden, entweder nur weben oder nur färben. Die dafür erforderlichen Fähigkeiten können in wenigen Tagen erlernt werden. Aufgrund dieser Arbeitsteilung im Produktionsprozess hat sich die Produktivität stark erhöht. Dieses Produktionsverfahren verringert die Beteiligung der Arbeiter in solchem Ausmaß, dass die Arbeiter von der Fabrik abhängig werden. Sie sind nicht mehr länger Produzenten, weil ihnen die neuen Maschinen viele Teilschritte der Produktion abnehmen und ihnen der Gesamtumfang des Produktionsprozesses nicht mehr vor Augen ist. Mit den neuen maschinellen Herstellverfahren, der zunehmenden Produktivität und dem größeren Produktvolumen können die Kapitaleigner sehr viel höhere Gewinne erzielen. Die Bildung eines größeren Angebotes und diese zusätzlichen Einnahmen verursachen einen größeren Abstand zwischen Angebot und Nachfrage und zwischen Arm und Reich. Dieses Ungleichgewicht verursacht viele wirtschaftliche und soziale Probleme.

Früher gehörte der Handel nicht zu den wichtigsten Wirtschaftsaktivitäten, weil nur im kleinen Rahmen gehandelt wurde. Heute, in einer kapitalistischen Volkswirtschaft, haben die Bedürfnisse der Massenproduktion die Märkte erweitert und die Geschäftätigkeiten intensiviert. Seit der industriellen Revolution wurde der Fortschritt nicht nur in der Arbeitsteilung größer, sondern auch in der Produktionsteilung in den Herstellverfahren. Die Produktion führte dann zu weiteren Produktivitätsverbesserungen. In den ersten Tagen der industriellen Revolution beschränkte sich die Produktionsteilung auf einige wenige Wirtschaftsbereiche wie z. B. Textilien und Stahl. Später wurde die Produktionsteilung noch weiter ausgedehnt. Bestimmte geographische Regionen wurden auf die Produktion oder die Ausbeutung eines einzelnen Produktes spezialisiert, so dass einige Regionen nur Kohle produzierten, während andere ausschließlich Erdöl förderten. In der Tat verließen sich bestimmte Staaten hauptsächlich auf die Produktion von Zucker oder Kaffee. Heute basiert die kapitalistische Wirtschaft auf der Teilung von beiden, der produktiven Arbeit und dem Handel. Diese Abhängigkeit der Menschen und Nationen hat schließlich die kapitalistische Gesellschaft in ein integriertes weltweites System umgewandelt, in dem jede Nation von der anderen abhängig ist.

Die moderne kapitalistische Wirtschaft mit ihren integrierten Beziehungen und ihrer erhöhten Produktivität hat das soziale Leben der Menschen vollkommen verändert. Die außerordentlich hohen Gewinne des Privatbesitzes gehören nur den Kapitalisten, die die ganze Wirtschaftsmacht innehaben. Sie sind diejenigen, die den größten Teil des Gewinns abschöpfen, während die Masse der arbeitenden Bevölkerung nur einen Lohn empfängt, der entsprechend den natürlichen Marktgesetzen schwankt, genau wie der Preis aller anderen Gebrauchsgüter. Dieses Problem hat solche Auswirkungen auf die Gesellschaft gehabt, dass die Menschen angefangen haben, den Wert des Privatbesitzes zu bezweifeln. Einige denken, dass das Problem gelöst werden könnte, wenn wir alle den gleichen Status innehätten. Aber diese Theorie übersieht die Tatsache, dass dieses „System" alle Wirtschaftsaktivitäten lenken würde, wenn der Privatbesitz in den kollektiven Besitz überginge. In der heutigen modernen Gesellschaft bedeutet das Bürokratie, die die wirtschaftlichen Aktivitäten vorschreibt, anstatt dem Einzelnen die Freiheit zu geben, Geschäfte zu tätigen. Wir können nicht erkennen, wie diese Art des wirtschaftlichen Systems rational und leistungsfähig sein soll. Die Theorie des Kommunismus basiert darauf, dass die Gesellschaft ein Kollektiv ist. Daher gehört die gesamte Produktion der Gesellschaft und nicht einzelnen Menschen. Das heißt, die Gesellschaft ist eine kollektive Produktionseinheit und ihr Reichtum sollte deswegen unter allen Mitgliedern der Gesellschaft gleichmäßig verteilt werden.

Wenn wir das kommunistische Konzept der „kollektiven Gesellschaft" studiert haben, könnten wir zu dem Schluss kommen, dass Privatbesitz die falsche Grundlage für ein Wirtschaftssystem darstellt. Obgleich wir nicht abstreiten können, dass die Gesellschaft eine kollektive Organisationsform ist, hat sie als einen bestimmten Zweck den Aufbau der Gesellschaft. Jede Gesellschaft sollte ihren Mitgliedern als ein interessantes und nützliches Instrument dienen. Je fortschrittlicher eine Gesellschaft ist desto genauer werden ihre speziellen Eigenschaften von ihren Mitgliedern definiert. Aus der Entwicklung unserer eigenen Geschichte haben wir gesehen, dass die Rechte des Einzelnen immer wichtiger geworden sind. Wir erkennen, dass die Ideen und Fähigkeiten einzelner Menschen Früchte unserer sozialen Kontakte und Zusammenarbeit sind. Jedoch stellt diese Anerkennung nicht die Gesellschaft über den Einzelnen. Im Gegenteil, der Wert der kollektiven Organisationsform liegt darin, dass die Zusammenarbeit dem Einzelnen nutzt und sie den Nutzen der Einzelperson anstrebt.

Das Hauptproblem unserer Volkswirtschaft ist immer wieder der Mangel an ausreichendem Angebot, um der steigenden Nachfrage gerecht zu werden. Daher sollten wir ein wirkungsvolles System haben, das Tätigkeit und Produktivität aufeinander abstimmt. Aber das kollektive System stellt das Gegenteil dar. Dem einzelnen Menschen wird der Anreiz genommen, den er zur Stimulation seiner Initiative, Energie und kreativen Bemühungen benötigt. Dieses System verursacht sogar noch zusätzliche Probleme. Wenn die Regierung die Wirtschaft lenkt, in dem sie ihre politische Macht einsetzt, um die Produktion, Löhne, Preise der Waren, etc. zu kontrollieren, wird sie die Menschen entmutigen, hart zu arbeiten. Das wiederum führt zur Verringerung der Produktivität. Bürokraten bevorzugen eher den Status Quo als die Innovation, weil sie Angst haben, ihren Pflichten nicht nachkommen zu können. Es gibt kein Marktsystem, das die Herstellkosten, die Leistungsfähigkeit der Produktion und den wirtschaftlichen Gebrauch von Betriebsmitteln vergleicht. Alle diese Faktoren kombiniert ergeben, dass die Regierung die Führung der Volkswirtschaft irrational macht und die Entwicklung der Wirtschaft im Allgemeinen hemmt.

Begründet auf der kommunistischen Theorie hat die Gesellschaft eine kollektive Form. Aus dieser entwickelt sich schließlich ein totalitärer Staat, weil das kollektive „System" durch einen zentralen Staatsapparat, d.h. Bürokratie, geführt wird, aber kein klassenloser Staat ist, wie Karl Marx behauptet hatte. Die bürokratische Herrschaft der Kommunisten ergibt eine ständig steigende Macht des Staatsapparates, in dem kein individueller Lebensbereich außerhalb seines Zugriffs, unter dem Vorwand der Erhaltung der Arbeiterklassengesellschaft, erlaubt ist. Die Abschaffung des Privatbesitzes bedeutet auch die Ablehnung des individuellen Status und Selbstrespekts und somit auch die gesamten Persönlichkeitsrechte wie Redefreiheit, freie Berufswahl, Ideen- und Informationsfreiheit usw. Wenn ein einzelner Mensch seinen Privatbesitz verliert, verliert er auch seine Unabhängigkeit. Er wird von der Regierung abhängig, die alle seine Bedürfnisse, sowie alle seine Tätigkeiten kontrolliert. Das Regime der früheren Sowjet-Union und ihrer kommunistischen Satellitenstaaten sind die besten Beispiele dieser Gesellschaftsart.

Der Kommunismus herrschte seit 1918 in der früheren Sowjet-Union uneingeschränkt. Seit damals hat ihre Wirtschaft einen starken Rückgang erlitten. Im Jahr 1919, ein Jahr nach der Revolution, brachte die landwirtschaftliche Ernte nur 40 Prozent der durchschnittlichen jährlichen Ernten seit 1909 ein. Die schlechte Ernte führte zu einer sehr schweren Hungersnot, die nur durch Hilfsaktionen der westlichen kapitalistisch orientierten Länder eingedämmt werden konnte. In anderen industriellen Bereichen erlitt die Sowjetunion fortwährend ähnliche Produktionsrückgänge.

Der Rückgang der Produktion in der Sowjetunion auf allen Wirtschafts-
feldern ist ein Misserfolg des kommunistischen Wirtschaftssystems. Sogar noch vor ihrem Fall, nach mehr als 70 Jahren kommunistischer Herrschaft, musste Russland noch jedes Jahr große Mengen Nahrung importieren, um die Bedürfnisse der Menschen zu befriedigen, obgleich das
Land beträchtliche Bodenschätze besitzt.

Das russische Volk der ehemaligen Sowjetunion hat bereits gezeigt, dass
der Mensch ein Wesen mit Gefühl, Herz und Willenskraft ist. Wir können ihn nicht behandeln, als wäre er ein Teil einer Maschinerie. Der
Kommunismus leugnet das Vorhandensein dieser Wesenszüge des Menschen. Die Leistung der ehemaligen Sowjetunion wurde nur durch eine
moderne Methode der Zwangsarbeit erbracht. Im Jahr 1929, als Stalin
mit der Politik der landwirtschaftlichen Kollektivierung begann, nahm er
Terrorismus, Verbannung und den Mord an Millionen Menschen in
Kauf. Eine Verbesserung der industriellen Produktion wurde durch das
Niederknüppeln der Rechte der Arbeiter und durch unsinnigen Gebrauch der vorhandenen Ressourcen erzielt. Dennoch blieb die Produktivität niedrig. Aufgrund der Politik des kollektiven Besitzes wird das
kommunistische Ziel, den Lebensstandard eines Volkes zu verbessern,
nie erreicht.

Im kommunistischen System der Planwirtschaft kontrolliert die regierende Bürokratie alle Tätigkeiten. Es gibt weder freie Marktkräfte, die
Angebot und Nachfrage regulieren, noch können Wirtschaftsgesetze den
Grad der Leistungsfähigkeit von Staatsbetrieben anzeigen. Es gibt keine
vergleichbaren Produktivitätsstandards, sondern nur von der Regierung
gesetzte Quoten. Wenn eine Regierung nicht leistungsfähig ist, ist das,
was sie produziert, kostenintensiv oder verschwenderisch. Das Ergebnis
stellt für die Öffentlichkeit keinen Nutzen, sondern nur eine Belastung
dar, denn die Unwirtschaftlichkeit der regierenden Bürokratie muss von
der Öffentlichkeit bezahlt werden, anders als beim freien Unternehmertum, in dem die Unternehmer selbst das Kostenrisiko tragen. Vom wirtschaftlichen Gesichtspunkt aus trägt der Kommunismus eine systemimmanente Unwirtschaftlichkeit in sich. Er ist nicht kreativ, weil die Regierung alle Unternehmen an sich reißt. Noch schlimmer, eine regierende
Bürokratie ist normalerweise eine politisch orientierte Gruppe von Menschen, die hauptsächlich an politischer Macht interessiert ist. Sie zeigen
wenig Interesse oder Initiative, einen wirklichen wirtschaftlichen Fortschritt zu erzielen. Diese Art der Bürokratie wird sich auch Erneuerun-
gen widersetzen, weil sie Angst hat zu versagen und nicht fähig ist, den
Erwartungen an ihre Verantwortung zu entsprechen. Was dem wirtschaftlichen Fortschritt die Stoßkraft gibt, ist die Auswirkung der Inno-

vation und der Wettbewerb. Das freie Unternehmertum ist leistungsfähig und fortschrittlich orientiert. Dieses erklärt auch das Versagen des kollektiven Besitzes unter dem Kommunismus, Wirtschaftswachstum zu erzielen. Kommunismus hat nicht die richtigen Mittel, Nutzen für die Menschen zu erzielen und kann gerade das Gegenteil bewirken. Wegen des Produktivitätsversagens der Sowjet-Union und ihres konstanten Mangels an Nahrungsmitteln und anderen Produkten, hat sie versucht, den Landwirten eine eigene kleine Parzelle als Eigentum zu erlauben. Entsprechend dem ehemaligem offiziellen Wirtschaftsjournal „Ekonomicheskaya Gazeta", zeigen die Statistiken von 1980, das jene Parzellen mit nur einem Prozent bebauten Landes zu mehr als 30 Prozent der gesamten Landwirtschaft der Sowjetunion an Fleisch, Milch, Eiern und Gemüse beitrugen und ungefähr 60 Prozent an Kartoffeln, Früchten und Beeren. In der Sowjetunion war die Produktivität der Landwirtschaft mit der der USA um 1900 vergleichbar, bevor die modernen Maschinen aufkamen. Jeder Landwirt erzielte genug, um neun andere Menschen zu ernähren, aber 1980 hätte in den USA ein Landwirt genug erzielen können, um fünfzig Menschen und mehr zu ernähren.

3

Es gibt sowohl in der kapitalistischen Wirtschaft Probleme mit dem Privatbesitz als auch im kommunistischen System mit kollektivem Besitz, weil beide die falsche Auffassung von Privatbesitz haben. Das kapitalistische Wirtschaftssystem stellt nicht wirklich eine freie Wirtschaft dar, sondern produziert nur mächtige Kapitalisten, während der Kommunismus, der den Menschen den Privatbesitz aberkennt, den Staat in eine totalitäre Wirtschaft umwandelt, in der die Menschen gar nichts besitzen und die Regierung der alleinige Eigentümer ist. Da eine Planwirtschaft nur durch seinen bürokratischen Apparat kontrolliert wird, bildet sie aus dieser Bürokratie eine neue wirtschaftliche Hauptschicht. Diese neue Hauptschicht kontrolliert alle Produktionsplanungen, jede Zuteilung von Ressourcen und regelt Löhne und den Preis der Waren. Kurz gesagt ist es ein zentralisiertes Verwaltungssystem.

Wie wir gezeigt haben, besteht eine totalitäre Wirtschaft dann, wenn die Menschen das Recht auf Eigentum verlieren. In diesem Fall verlieren sie auch die Freiheit, Arbeit zu wählen, Güter zu kaufen und für ihre Arbeit angemessen entlohnt zu werden. Privatbesitz ist das Element, das den Menschen einen unabhängigen individuellen Status gibt. Ohne individuellen Status werden die Menschen abhängig von der Gesellschaft. Wir wissen, dass in früheren Zeiten der Familienstatus erst entwickelt wurde, nachdem die Familie das Recht auf Eigentum hatte. Sogar während der Feudalzeit gab es kein individuelles Eigentum und Persönlichkeitsrechte wurden nicht erlaubt. Individuelles Eigentum und Rechte wurden erst nach der Entwicklung des Handels und der industriellen Revolution gebildet. Daher ist ein zentrales totalitäres Verwaltungssystem, das auf kollektivem Besitz basiert, eher wie eine Rückkehr zu den alten Zeiten, zum kollektiven Leben ohne Individualität, individuelle Freiheit und Rechte. So müssen wir uns fragen, ob wir zurückkehren möchten zu einem Leben ohne Persönlichkeitsrechte? Oder zögen wir ein Leben vor, in dem Innovation, Fortschritt und individuelle Freiheit möglich sind?

Wir wissen, dass der soziale Fortschritt das Ergebnis von individueller Initiative und Kreativität ist. Die Fähigkeit basiert auf Innovationen und dem Wunsch, Entdeckungen zu machen. Diese liefern die zugrunde liegenden Stärken unseres sozialen Fortschritts. Im Wirtschaftsleben muss der Fortschritt auch dem Einzelnen den Anreiz und die Freiheit zur Arbeit geben. Ein Mangel an diesen Elementen raubt der Wirtschaft die eigene Kraft, weiterzukommen.

Privatbesitz, wenn er richtig geführt wird, schadet nicht der wirtschaftlichen Entwicklung, sondern ist für sie vorteilhaft. Er befreit die Menschen von den Zwängen eines primitiven Lebens und lässt sie eine eigene Persönlichkeit entwickeln zusammen mit einem vollen, sicheren und zivilisierten Leben. Unser Wohlstand hängt nicht nur von den Ressourcen der Natur ab, sondern ist auch das Ergebnis unserer harten Arbeit. Wohlstand kann nicht von der Arbeit getrennt werden, also muss unsere Arbeit angemessen entlohnt werden. Wenn wir die Welt von heute studieren, wird die Armut der rückständischen Staaten meistens durch niedrige Produktivität verursacht und der Privatbesitz wird nur einer kleinen Minderheit der Bevölkerung zuerkannt. Die ärmsten Nationen der Welt sind heute die unentwickelten Nationen Afrikas und die pazifischen Südseeinseln. Sie leben noch alle in einer kollektiven Gesellschaft ohne Persönlichkeitsrechte. Die reichsten Nationen sind die mit einer hoch entwickelten Technologie und dem Recht auf Privatbesitz, wie die Vereinigten Staaten von Amerika, Deutschland und Japan. Seit dem Zweiten Weltkrieg wurden Ostdeutschland und Nordkorea gezwungen, das kommunistische System mit dem kollektiven Besitztum anzunehmen; ihr wirtschaftlicher Fortschritt ging langsam voran und auch ihr Lebensstandard war niedrig. In der gleichen Periode machten die Bundesrepublik Deutschland und Südkorea, die das kapitalistische System mit Privatbesitz behielten, erhebliche soziale und wirtschaftliche Fortschritte und ihr Lebensstandard ist jetzt weit über dem der Vorkriegszeit. Die Bundesrepublik Deutschland tauchte als die wohlhabendste

Nation in Europa auf, während Südkorea von einem armen landwirtschaftlichen Kolonialstaat zu einer Industrie- und Exportnation umgewandelt worden ist, in der die Menschen hohe Einkommen genießen. In
1979 war das Pro-Kopf-Einkommen von Südkorea sechsmal so hoch wie
das von Nordkorea und erhöhte sich mit einer hohen Rate. Unserer Meinung nach beweist das Beispiel von der Bundesrepublik Deutschland in
Europa und Südkorea im Fernen Osten den Wert des Privatbesitzes und
seine Auswirkungen auf die wirtschaftliche Entwicklung. Trotz der wirtschaftlichen und sozialen Probleme, die der Privatbesitz verursacht,
glauben wir, dass diese Probleme lösbar sind.

4

Unsere derzeitigen wirtschaftlichen und sozialen Probleme, die dem kapitalistischen System zugeschrieben werden, sind tatsächlich Schuld,
nicht am Privatbesitztum selbst, sondern eher an dem Versagen, die
Grundregeln der Unternehmensfreiheit beizubehalten. Die Kommunisten glaubten, dass die Beseitigung des Privatbesitzes und die Verstaatli-
chung von Eigentum alle Wirtschaftsprobleme lösen würden. Wie wir
gesehen haben, erreichten die kommunistischen Staaten jedoch tatsächlich nur eine langsam wachsende Wirtschaft mit niedriger Produktivität
und einem niedrigen Lebensstandard. Karl Marx erklärte in seinem
Kommunistischen Manifest, dass die Kapitaleigner den Privatbesitz der
Mehrheit der Menschen rauben. Wenn das der Fall ist, dann liegt der
Fehler am kapitalistischen System und nicht am Privatbesitz. Um dieses
Problem zu lösen, sollten wir allen Menschen ihre Eigentumsrechte zu-
rückgeben oder garantieren. So würden die wirtschaftlichen Aktivitäten
neuen Auftrieb bekommen. Aber Karl Marx befürwortete die unlogische
und gegenteilige Politik, nämlich zu versuchen, den Privatbesitz für im-
mer zu beseitigen. Folglich ließe es sich darüber streiten, inwiefern es
Wahlmöglichkeiten zwischen Kapitalismus und Kommunismus gibt. Im
Kapitalismus besitzen die Unternehmer den ganzen Besitz und im
Kommunismus kontrolliert die Regierung oder genauer ihre Bürokratie,
allen Besitz. In beiden Fällen stehen sie der Öffentlichkeit den Privatbesitz und ernten die Früchte der Arbeit der anderen.

Menschen, die gegen den Kapitalismus eingestellt sind, nehmen die irrtümliche Theorie von Marx an und beschuldigen die kapitalistische Gesellschaft, die Kluft zwischen Arm und Reich zu verursachen. Es ist zutreffend, dass der Privatbesitz in einem gewissen Grad einen Abstand
zwischen Arm und Reich herstellt. Aber wir müssen auch feststellen,
dass nicht alle Menschen die gleiche Intelligenz und die gleichen Fähig-

keiten besitzen. Unternehmens- und Wettbewerbsfreiheit ergeben u. a.
bei der Vergütung unvermeidlich einige Unterschiede. Das ist die
Grundlage des Anreizes zu arbeiten. Wenn wir alle Menschen gleich be-
handelten, obwohl sie unterschiedliche Fähigkeiten haben, würde es für
sie keinen Anreiz mehr geben zu arbeiten. Das wäre sogar unfair und
würde die intelligenten und fleißigen Menschen entmutigen. Wenn wir
die kommunistische Gesellschaft studieren, müssen wir uns fragen: Ist
sie wirklich eine klassenlose Gesellschaft? Und welche Ergebnisse gibt es
in der Produktivität? Die kommunistische Zentral-Verwaltungswirt-
schaft führt nur zur Formung einer neuen Hauptschicht, den Bürokraten.
Sie reißen die gesamte Wirtschaftsmacht an sich, weil sie die einzigen
Arbeitgeber, die einzigen Produzenten und die einzigen Verteiler des
Reichtums sind. Dieser Status garantiert ihnen ihr Vorrecht und spezielle
Macht, denn die Öffentlichkeit ist von ihnen abhängig. Wenn Privatbesitz Machtkontrolle und wirtschaftlicher Nutzen bedeutet, dann besitzen
die Bürokraten im kommunistischen System alle diese Vorrechte. Wir
können nicht erkennen, wie eine Gesellschaft auf diese Weise gleiche
Rechte für alle erzielen will. Ein Reporter von *Newsweek* besuchte einen
reichen Landwirtschaftsbezirk „Vologda" in der ehemaligen Sowjet-
Union und schrieb wie folgt:

Vologda ist eine Milchwirtschaftsregion, in der es normalerweise keine Milch in
den Regalen gibt, ein Zentrum für Viehbestand, in dem rohes Fleisch knapp ist. In
Cherepovets, einer Industriestadt mit 274000 Einwohnern, wird Milch für Kinder
per Verordnung verkauft.
„Wohin geht die ganze Nahrung?" fragte ich.
„Zur Armee", antwortete sie.
Ein Taxifahrer suchte nach einer anderen Erklärung für die Knappheit. „Wir hel-
fen vielen Ländern", ... Die meisten Menschen wussten, dass 10 Meilen außerhalb
der Stadt Vologda ein spezielles Lager für die Elite ist, in dem Frischfleisch, Butter,
Milch und viele Delikatessen aufbewahrt werden, die es nie irgendwo anders gibt.
Jedoch scheinen sich nur wenige Menschen zu fragen, warum die *acheniki* (Vorge-
setzten) sich das Recht nehmen, dort einzukaufen. *Newsweek*, 9. November 1981.

5

Wirtschaftseinkommen und auch Produktionseinkommen entstehen aus
Pachten, Zinsen und den Löhnen der Arbeiter. Wenn wir die Einkommen analysieren, sind Pacht und Kapital die Ersparnisse aus getaner Arbeit oder geleisteter Arbeitskraft. Land, für das Pacht gezahlt wird, ist
wegen seiner Wertsteigerung eine besonders profitable Anlage. Unbear-
beitetes Land, wie ein felsiger Berg, stellt keinen produktiven Wert dar
und unbebauter Grund und Boden ohne Gebäude erzielt keine Mietein-
nahmen. Kapital kann in zwei Kategorien, nämlich Geld und Produkti-

onsvermögen, geteilt werden. Beide sind Ersparnisse früherer Einkommen. In diesem Sinne kann man Kapital als vergangene Arbeit einstufen. Da wir vergangene Arbeit sparen und sie zu Kapital im Produktionsprozess machen können, hat sie die übliche Auswirkung auf die Erhöhung der Produktivität. Dies ist der Wert des Kapitals. Menschliche Arbeitskraft ist die Arbeitskraft der Produktion. Es gibt zwei Arten menschlicher Arbeitskraft, die der aktuellen Form und die der Vergangenheit. Die letzte Form der menschlichen Arbeitskraft erscheint als Kapital. In der Entwicklung einer Wirtschaft ist die Produktion die Kombination dieser zwei Formen menschlicher Arbeitskraft. Bereits in der früheren primitiven Gesellschaft konnte der Mensch Werkzeuge bauen. Die Produktion der Werkzeuge ist die Ersparnis der vergangenen menschlichen Arbeitskraft. Daher stuft man Werkzeuge, die in der Produktion eingesetzt werden, als Kapital ein.

Die menschliche Arbeitskraft ist der grundlegende Produktionsfaktor. Alle Anstrengungen, die der Mann bei der Produktion übernimmt, sollten als Arbeit betrachtet werden. Arbeit beinhaltet Handarbeit, die Arbeit des Unternehmers, des Managements, des Technikers und Dienstleistungen. Zusätzlich bilden die Herstellung, der Handel, das Transportwesen, der Verkauf und die Regierungsleistungen, einen Teil der Produktion. Besonders in der heutigen interdependenten Produktionsstruktur mit seiner hochgradigen Arbeitsteilung hängt die Produktion von viel mehr Faktoren ab als nur von der Handarbeit. Entsprechend der Theorie von Karl Marx ist die menschliche Arbeit der einzige Faktor, der einen größeren Wert als alle anderen Produktionsfaktoren hervorbringen kann. Karl Marx erklärt, dass alle anderen Faktoren auf das gleiche Wertniveau umgewandelt werden können. Der Lohn, den ein Arbeiter bekommt, wird, wie bei anderen Gebrauchsgütern auch, von der Arbeitszeit bestimmt, die für die Herstellung nötig ist. Da der Arbeiter zur Erhaltung seines Lebens gezwungen wird, länger zu arbeiten als notwendig und, da der Arbeitgeber nicht für diese zusätzliche Arbeitszeit zahlt, entsteht der Gewinn des Arbeitgebers. Marx nannte diesen Betrag „Überschuss". Dieser Überschuss ist die Quelle aller Einkommen, die nicht zum Lohn gehören, wie Gewinn, Miete und Zinsen. Karl Marx nennt es die „Ausbeutung der menschlichen Arbeitskraft". Wenn die Theorie von Marx jedoch zutreffend ist, dann sollte der Mann keine Werkzeuge oder Maschinen zur Produktion benutzen, sondern nur menschliche Arbeitskraft, und je mehr menschliche Arbeitskraft genutzt wird desto mehr Gewinn wird erzielt. In diesem Sinne ist jede Technologie, aber auch Innovation oder Anlagen, unnütz. Können wir uns vorstellen, welche Art der Produktion wir ohne Werkzeuge, Produktionsanlagen, Technologie oder Innovation erreichen könnten? Unsere Bemühungen, unsere Zivilisation zu weiterzuentwickeln, würden wertlos sein. Wenn wir zur vorgeschichtlichen Welt umschwenkten, als es noch keine Produktions- oder Verteilungsprobleme gab, könnten wir dann diese rationale Schlussfolgerung verteidigen? Zum gegenwärtigen Stand von Wohlstand ist einer der wichtigsten zum Wohlstand beitragenden Faktoren die Bildung von „Kapital". Da wir wussten, wie die Produkte der letzten Arbeit gesichert werden und wie sie für die zukünftige Produktion genutzt werden können, konnte die Produktivität, die den wirtschaftlichen Fortschritt möglich machte, gesteigert werden. Allmählich erlaubte dieser Fortschritt dem Menschen, von den einfachen Prozessen auf kompliziertere Unternehmungen umzuschwenken und die Produktivität durch Neuinvestition und Expansion weiter zu erhöhen. Die kontinuierliche Neuinvestition ist der Hauptfaktor, der zu wirtschaftlichem Fortschritt und sozialem Wohlstand führt. Im frühen Sippen- oder Stammesstadium ernährten sich die Menschen nur vom Jagen und Fischen. Sie hatten kein Verhältnis zum Sparen. Als das landwirtschaftliche Stadium begann, fingen sie an zu lernen, wie Werkzeuge zum Bewirtschaften von Land gebaut werden. Zu dieser Zeit war die Produktion nur für den einzelnen Gebrauch gedacht und die Produktionseinsparungen waren noch sehr begrenzt, so dass sie nur einfache Werkzeuge bauen konnten. Nach der Entwicklung des Handwerks, als der Handel anfing zu blühen, produzierten sie Güter zur Gewinnerzielung. Aufgrund der einfachen Produktionsmethoden waren Geschäfte und Gewinne zu dieser Zeit nur in kleinem Umfang und in begrenzten Bereichen möglich. Erst nach der industriellen Revolution konnten mit der Massenproduktion sehr große Gewinne erzielt werden. Erst danach änderte sich das Produktionsverfahren vollständig. Die Menschen produzierten nicht nur für ihre eigenen Bedürfnisse, sondern auch, um Gewinne zu erzielen. Produktion zum Zweck der Gewinnerzielung dient als Anreiz, die Produktion zu erhöhen und die Produktivität zu verbessern. Jedoch hängt ein solcher wirtschaftlicher Aufschwung vom Recht auf Privatbesitz ab, ohne den die Menschen nicht mehr als notwendig sparen oder arbeiten würden. Der Gewinn und der Privatbesitz sind die Anreize der Menschen zu arbeiten und zu sparen. Mit der Ersparnis als Kapital wird die Neuinvestition in der Produktion zum Hauptfaktor der wirtschaftlichen Entwicklung und Steigerung des Reichtums. Im Kommunismus gibt es auch Ersparnis, aber nur, indem den Menschen die Früchte ihrer Arbeit geraubt und ihnen alle Persönlichkeitsrechte verweigert werden. Der Staat besitzt die ganze Wirtschaftmacht und damit auch alle Produkte, die die Menschen sich erarbeitet haben. Unter dem Vorwand der kommunistischen Gleichheit, haben die Menschen weder eine Arbeitswahl noch sind sie im Besitz ihrer Produkte, obgleich die Ersparnisse aus der Arbeit der Menschen resultieren. Nur der Staat hat das

Recht, Ersparnisse anzusammeln und über die Verwendung des Kapitals zu entscheiden. Das Wirtschaftssystem der totalitären Staaten ist das zutreffende Beispiel dessen, was Karl Marx als die Ausnutzung der Arbeitskraft beschrieb. Die kommunistische Ablehnung der Privatbesitzrechte nimmt den Menschen ihre Motivation zu arbeiten. Die gleichmäßige Verteilung der Löhne führt dazu, dass die Menschen ihre Initiative und Kreativität noch weiter verlieren. Das sind die Hauptgründe, warum der Kommunismus, der so viel verspricht, viel in wenig und Reichtum in Armut verwandelt.

Denn die Gesellschaft besteht nicht aus Tieren, sondern aus Menschen mit individuellen Ideen und individuellem Ehrgeiz. Wenn diese Menschen zur Arbeit gehen, sind ihre Leistungsfähigkeit und ihr Fleiß direkt für den wirtschaftlichen Fortschritt und den Wohlstand eines Staates verantwortlich.

Ein chinesisches Sprichwort sagt „Es ist nicht schlimm, wenn du arm bist, vorausgesetzt alle anderen sind es auch." Dieser Satz war zur Zeit der Agrarwirtschaft mit ihren niedrigen Erträgen angebracht. Aber in der heutigen produktiven Hochtechnologie würde es mehr Sinn machen zu sagen: „Es ist nicht schlimm, wenn du reich bist, vorausgesetzt alle anderen sind es auch." Einige Menschen können denken, dass nur die Reichen von Anreizen wie Privatbesitz und niedrigen Steuern profitieren. Aber dieser Gedanke übersieht die Tatsache, dass die Wirtschaftsentwicklung das Ergebnis der gemeinsamen Bemühungen ist, und dass es den Menschen ohne Anreiz an Motivation mangelt, ihr bestes zu geben. Das führt zu schlechter Produktivität, einer geschwächten Wirtschaft und Arbeitslosigkeit. Wenn Anreize und Möglichkeiten für alle da sind, dann ist es nicht nur für die Reichen, sondern auch für die ganze Gesellschaft von Nutzen. Diese Anreize benötigt jeder Mensch, um zum Wohlstand aller Menschen beizutragen.

Eine Politik, die Neid oder Eifersucht auf die Reichen anstachelt, löst keine Wirtschaftsprobleme, sondern verursacht bloß ein ungünstiges Klima für Investitionen. Ohne Investitionen nimmt die Produktion ab und die Arbeitslosigkeit zu. Wir benötigen eine Politik, die nicht gegen die Reichen gerichtet ist, sondern jedem Menschen die Möglichkeit gibt, reich zu werden.

Aus der Geschichte wissen wir, dass sich der kollektive Besitz zur Zeit der Sippen und Stämme zum Familiengruppenbesitz entwickelte. Später in der Feudalzeit konnte das Land nicht wie andere Gebrauchsgüter verkauft werden. Nachdem der Stellenwert des Handels so herausragend zunahm, wurden erhöhte Produktion und verbesserte Produktivität besonders wichtige Voraussetzungen. Besonders die industrielle Revolution spielte eine wichtige Rolle in der Wirtschaftsentwicklung. Mit der industriellen Revolution kam das kapitalistische Wirtschaftssystem. Das Rückgrat dieses Systems ist das Privatunternehmertum und die freie Marktwirtschaft. Um die Unternehmensfreiheit zu fördern, war das Recht auf Privatbesitz sogar noch notwendiger. Das private Besitzrecht zur frühen Zeit des expandierenden Handelsgeschäfts und der Industrialisierung war notwendig, um dem Einzelnen die Teilnahme an der wirtschaftlichen Entwicklung zu erleichtern. Andernfalls kontrollierte der Adel das Eigentum und hemmte die Entwicklung der freien Unternehmen. Jedoch profitierten die Reichen mehr und mehr vom Privatbesitz und der Ansammlung von Land. Das Eigentum wurde mehr und mehr zum Gegenstand spekulativer Zwecke, anstatt für die Produktion genutzt zu werden. Die Reichen kauften Land und erwarben Eigentum und warteten auf steigende Preise, um Land und Eigentum gewinnbringend zu verkaufen. Diese spekulativen Verfahren manipulieren nicht nur die Preise des Landes und des Eigentums, sondern treiben die Preise nach oben. Das zeigt sich in den hohen Herstellungs- und Geschäftsanbahnungskosten. Aus diesem Grund müssen Investoren eine sehr große Menge an Kapital für Land oder andere Ressourcen bezahlen, um ein Geschäft aufzuziehen. Menschen, die ein Haus besitzen möchten, aber den Preis nicht zahlen können, werden heimatlos. Alle diese Fälle zeigen, dass der private Landbesitz und der Besitz anderer Ressourcen den ursprünglichen Zweck, Anreiz für die Wirtschaftsentwicklung mit spekulativen Mitteln zu sein, geändert und sogar den wirtschaftlichen Fortschritt gehemmt hat.

Ab sofort müssen wir das private Besitzrecht neu überdenken. Wenn die Menschen ihres Privatbesitzes beraubt werden, werden sie ohne Persönlichkeitsrechte von der Gesellschaft abhängig, sogar mit dem Verlust ihres Selbstrespekts. Daher müssen wir den Menschen Privatbesitz geben. Aber die privaten Besitzrechte auf natürliche Ressourcen müssen geändert werden. Die privaten Besitzrechte der natürlichen Ressourcen sollten danach definiert werden, ob sie die wirtschaftliche Entwicklung förderlich sind. Wenn sie gut sind, sollten wir die Menschen ermutigen, sie zu erwerben, aber wenn sie schlecht sind, sollten wir sie nicht erlauben. Kurz gesagt, ob man den Menschen die Rechte auf Privatbesitz einräumt, hängt davon ab, ob sie dem Zweck der Wirtschaftsentwicklung und den Bedürfnissen der Menschen dienen. Dafür sollte der Staat ein vollständigeres Besitzstandssystem für alle natürlichen Ressourcen haben.

III

Sozialer Kapitalismus

1

Wenn der Mensch seine materiellen Bedürfnisse befriedigen möchte, muss er verschiedene Güter produzieren. Im Produktionsprozess gibt es drei Hauptfaktoren. Erstens natürliche Ressourcen wie Land, Mineralien und andere Rohstoffe. Zweitens menschliche Arbeitskraft und drittens Kapital, wie Werkzeuge und Maschinen. Vom technischen Gesichtspunkt aus gesehen, ist unsere Produktion das Ergebnis einer Kombination aller drei Faktoren. Aber es ist nicht einfach, sie sinnvoll aufeinander abzustimmen, um sie harmonisch in ein Arbeitsverfahren einzugliedern. Wir müssen entscheiden, mit welchem System wir beginnen, und herausfinden, welchen relativen Wert die betroffenen Faktoren haben. In der Geschichte unserer sozialen Entwicklung hat der wirtschaftliche Prozess eine Anzahl von Änderungen durchgemacht. Zunächst basierte er auf einem System der kollektiven Produktion und Verteilung Später war eher das Produktions- und Verteilungssystem Grundlage für den Prozess der Leistungserstellung. Schließlich kamen wir zu dem heutigen System der einzelnen und freien Unternehmensproduktion und -verteilung. Die hauptsächlichen Unterschiede zwischen diesen drei Systemen sind die, dass das kollektive System auf Kollektivbesitz basiert, das privilegierte System basiert auf einem privilegiertem Gruppenbesitz und das freie Unternehmertum auf einzelnem Privatbesitz. Diese Produktions- und Verteilungssysteme resultierten aus unterschiedlichen Stadien der sozialen Entwicklung. In der heutigen Zeit gibt es immer noch zwei ganz unterschiedliche soziale Wirtschaftssysteme, obgleich individualistische und demokratische Ideen vorherrschen. Im kapitalistischen System sehen wir ein individuelles freies Wirtschaftsunternehmen, das auf privatem Besitz basiert. Im Kommunismus raubt ein zentralisiertes Kollektivsystem dem Einzelnen den Privatbesitz und seine Persönlichkeitsrechte. Wenn Individualismus und privater Besitz von einem System des kollektiven sozialen Lebens entwickelt wurde, wie kommt es dann, dass wir eine Wiederbelebung der gesellschaftlichen Kollektiv-form vorfinden? Wir haben bereits gesehen, dass der Privatbesitz die Antwort auf die industrielle Revolution war und für den Wohlstand un-serer heutigen Gesellschaft verantwortlich ist. Was ist jedoch falsch an unserem Privatbesitz? Wir müssen diese Fragen im Detail studieren und ihre vielen Implikationen auf die heutigen politischen Wirtschaftspro-bleme betrachten, wenn wir verstehen wollen, welche Gesellschaftsart wir aufbauen möchten. Diejenigen, die an den Kapitalismus glauben, ziehen ein „wirtschaftliches Naturgesetz" in Betracht, das auf der Natur des Menschen basiert. Wir können dieses Naturgesetz in vier Punkten zusammenfassen:

Erstens ist die Natur des Menschen egoistisch, also müssen wir den Menschen mit Anreizen wie Gewinn zur Arbeit motivieren. Das wieder-um führt zur Produktivitätsverbesserung und der Bildung von Wohlstand.

Zweitens gibt es ein wirtschaftliches Naturgesetz, das das Gleichgewicht von Angebot und Nachfrage reguliert. Es funktioniert durch den freien Markt in Form von Wettbewerbsfreiheit.

Drittens ergibt Wettbewerbsfreiheit die leistungsfähigste Verteilung der knappen Mittel und stellt das wirtschaftlichsten Mittel dar, Waren und Dienstleistungen zugunsten der öffentlichen Verbraucher bereitzustel-len.

Viertens führen alle individuellen Bemühungen in der Produktion zu Gewinn und auch zu der Bildung und Erhöhung des nationalen Reich-tums. Es gibt keinen Widerspruch zwischen dem Interesse des Einzelnen und dem der Öffentlichkeit.

Adam Smith weist in seinem Buch „Der Reichtum der Nationen", die wirtschaftliche Theorie des klassischen Kapitalisten, darauf hin, dass in einer Wirtschaft jeder Einzelne sein Kapital einsetzt, um die Industrie zu entwickeln und den größten Wert zu produzieren. Was er produziert, ist nur für seinen eigenen Gewinn bestimmt. Er wird dabei, wie in vielen anderen Fällen, von einer unsichtbaren Hand geführt, um die Produkti-on zu fördern. Aber er hegt weder weitere Absichten noch plant er ein, dass diese Förderung auch nützlich für die Gesellschaft sein könnte. Der Reichtum des Staates wurde jedoch wesentlich durch diese einzelnen Produktionsbemühungen bestimmt. Nach Adam Smith ist das die wirt-schaftliche unsichtbare Hand der Naturgesetze; sie funktioniert durch Wettbewerbs- und Unternehmensfreiheit.

Die wirtschaftlichen Naturgesetze des Kapitalismus basieren nicht nur auf Unternehmensfreiheit, sondern auch auf der Idee, dass das individuelle und öffentliche Interesse vereinbar sind. In einem freien Markt sollte es keine Intervention durch äußere Kräfte geben. Verbraucher sind frei, ihre eigene Wahl zu treffen, was sie kaufen möchten, und Lieferanten sind frei, um ihre Kundschaft zu werben, die automatisch das Gleichgewicht von Angebot und Nachfrage reguliert. Erhöht sich z.b. die Nachfrage nach einem Gebrauchsgut, steigt der Preis dieses Guts. Aber wenn die Nachfrage sinkt, dann sinkt auch automatisch sein Preis. Wenn der Preis eines Gebrauchsguts steigt, gibt es einen Anreiz für die Steigerung des Angebots, und wenn der Preis eines Gebrauchsguts fällt, dann wird seine Produktion verringert. So funktioniert der freie Markt, indem er Angebot und Nachfrage erlaubt, über den Preis zu entscheiden und den Preisen erlaubt, Angebot und Nachfrage auszugleichen. Von dieser freien Marktfunktion aus reguliert die unsichtbare Hand der Naturgesetze den gesamten wirtschaftlichen Prozess. Sie entscheidet, welches Gebrauchsgut in welcher Menge, zusammen mit der korrekten Verteilung aller Produktionsfaktoren, produziert wird. Theoretisch sollte der freie Markt des kapitalistischen Systems leistungsfähig arbeiten und Angebot und Nachfrage ausgleichen. Aber in der Realität hat es viele Rezessionszyklen gegeben. Wenn es eine Rezession gibt, leiden die Geschäfte ebenso wie die Öffentlichkeit. Wenn wir den Fortschritt der kapitalistischen wirtschaftlichen Rezession studieren, können wir sehen, dass sie einem eingebauten Mechanismus unterliegt. Seit der industriellen Revolution vor ungefähr zweihundert Jahren, sind wir nie dem Übel der Rezession entkommen Viele politische und wirtschaftliche Hilfsmittel sind versucht worden, aber ohne dauerhaften Effekt. Die kapitalistischen Wirtschaftsrezessionen, vor und nach dem Zweiten Weltkrieg, waren von einem anderen Charakter. Früher verursachte im Allgemeinen ein Angebotsüberfluss über der Nachfrage eine Rezession, wobei die Waren sogar zu verringerten Preisen nicht verkauft wurden. Dieses war die Erfahrung während der großen Depression von 1929. Seit kurzem ist eine Rezession, die durch Inflation verursacht wird, von einer anderen Art. Die Preise sind so stark gestiegen, dass die Waren zu teuer geworden sind, dass die Nachfrage sinkt. Aber der endgültige Effekt der Rezession scheint derselbe wie vorher zu sein, nämlich ein Angebotsüberfluss über der Nachfrage.

Die kapitalistische Auffassung, das Interesse des Einzelnen und der Öffentlichkeit sei kompatibel, ist auch nicht zutreffend. Das offensichtlichste Beispiel dessen wurde in der großen Depression von 1929 gezeigt, als spekulative und unregelmäßige Tätigkeiten zum Zusammenbruch der Börsen führten. Viele Fabriken mussten geschlossen werden. Das Bankensystem wurde gefährdet, und das gesamte Wirtschaftssystem schien komplett zusammenzubrechen.

2

Rückblickend auf die Entwicklung der kapitalistischen Volkswirtschaft ist es offensichtlich, dass das Grundprinzip der Unternehmensfreiheit die industrielle Revolution und mit ihr Wohlstand verursachte. Aber sie behielt auch überholte Strukturen und eine extreme Politik bei. Anfangs war die Ursache der meisten kapitalistischen Wirtschaftsprobleme, wie Rezessionskreisläufe, die Kaufkraft. Dieses lag an der unvernünftigen Produktionsstruktur. Nach der industriellen Revolution erhöhten sich die Produktivitäts- und Herstellungstätigkeiten stark. Trotz der enormen Verbesserungen in der mechanisierten Produktion wurde die Masse der Arbeiter durch ein Entlohnungssystem des 17. Jahrhunderts bezahlt. Wegen dieser einzigartigen Situation, durch die die Produktivität ununterbrochen verbessert wurde, lebte die Masse der Arbeiter noch immer in Armut und die Massenproduktion hatte häufig keine Kundenmassen oder Massenmärkte. Entsetzt über die Ergebnisse dieses Phänomens konvertierten viele Wirtschaftswissenschaftler und Politiker zum Sozialismus, der Gleichheit in der Verteilung von Reichtum befürwortete. Aber diese Änderung der Philosophie änderte auch die Wirtschaftsstruktur, denn das Hauptgewicht liegt jetzt auf der Verteilung als der Grundlage der Wirtschaft anstatt auf Produktivität. Außerdem greift der Staat jetzt mehr und mehr in das Wirtschaftsleben ein, während er versucht, Reichtum zu verteilen. Die Regierung erhebt eine hohe Besteuerung der Geschäftseinkommen und einzelner Ersparnisse organisiert großzügige Wohlfahrtsprogramme und regt den Zusammenschluss von Gewerkschaften an, damit die Arbeiter mit dem Management über Löhne verhandeln können. Diese Richtlinien erbrachten höheren Reichtum für die Öffentlichkeit. Später stellte Keynes seine „Finanztheorie" vor, die expandierende Regierungsgeschäfte und -ausgaben vorschlug, um die Nachfrage zu steigern und Jobs zu bilden, wenn das Privatgeschäft schwach war. Dank dieser Richtlinien, haben wir ungefähr 20 Jahre lang ein verhältnismäßig gutes Wirtschaftswachstum ohne ernste Rezession erfahren. Das lag auch an der Tatsache, dass es noch Raum für eine Zunahme der Produktivität gab, vom früheren einfachen Maschinenprozess ausgehend, bis hin zu der Einbeziehung hoch entwickelter technologischer Produktionsverfahren. Aber später überstieg die Zunahme der Nachfrage die Zunahme der Produktivität. Hersteller konnten die Kostenaufwendungen nicht kontrollieren und infolgedessen fingen die Herstellungskosten an extrem zu steigen. Unterdessen konkurrierten

Nachfrage und Preise miteinander, und die Arbeiter verlangten fortwährend höhere Löhne, so dass die Produktivität noch langsamer wurde und die Preise sich zu schnell erhöhten. Die Intervention der Regierung kam sowohl in wirtschaftlichen Angelegenheiten als auch in der Sozialgesetzgebung immer häufiger vor, so dass die Verteilung von Reichtum, und auch die Geld- und Kreditpolitik, von der Regierung immer abhängiger wurde. Tatsächlich wurde die Regierung in allen Bereichen, föderal, staatlich und örtlich, zum wichtigsten Faktor der Produktionskosten. Der *US News and World Report* vom 26. April 1982 gab an, dass die Vereinigten Staaten 54 Bundesämter mit einem Jahresbudget von sechs Milliarden Dollar hatten, die sich in den verschiedenen Regelungsfeldern engagierten, verglichen mit nur sechs Agenturen in 1907. Die Kosten dieser Agenturen sind extrem hoch. 1962 gab die Regierung der Vereinigten Staaten $ 29,5 Milliarden aus, gleich 5,4 Prozent der nationalen Ausgaben. Bis 1982 waren sie auf $ 366,6 Milliarden oder 11,9 Prozent der nationalen Ausgaben gestiegen. Nach einer Studie von einem anderen amerikanischen Wirtschaftswissenschaftler, Thomas Hopkins, kosteten die Tätigkeiten der Bundesverordnungen einschließlich Klima und Sicherheit in der Periode von 1977 bis 2000 fast $ 700 Milliarden jährlich in den abgeführten Mehrwertsteuern. (*Business Week*, Juli 2001)

Die volle Auswirkung der Gewerkschaftsforderungen und der Ausgaben der Regierung werden dem Geschäft und den Einzelnen immer höhere Produktionskosten und Steuern auferlegen, wenn den Menschen ein immer höherer Teil des Staatseinkommens vorenthalten wird. Während die Bevölkerung ärmer und die Ersparnisse kleiner werden, erhöht sich der inflationäre Druck. Wie eine Lawine wird jeder inflationäre Zyklus ernster als der letzte. Eine durch Rezession verursachte Inflation wird durch übermäßige Nachfrage ohne eine entsprechende Produktivitätssteigerung verursacht, also steigen die Produktionskosten extrem an wie auch die Preise von Waren. Ein Beispiel dessen ist der Auto- und Stahlmarkt der Vereinigten Staaten. In den letzten Jahren haben die Vereinigten Staaten einen Rückgang der Autoverkäufe erlitten, aber die mögliche Nachfrage nach Autos hat sich nicht verringert, wie durch die Tatsache bewiesen wird, dass die billigen japanischen Importe sich gut verkaufen. Das belegt, dass die hohen Autopreise der Vereinigten Staaten dazu führten, dass die amerikanische Industrie unfähig war, mit den leistungsfähigeren japanischen Auto- und Stahlindustrien zu konkurrieren.

Inflation löst Rezession aus. Deren Hauptursache wiederum ist eine überhitzte Nachfrage aufgrund der Grundhaltung der gleichmäßigen Verteilung der Vermögen. Ein zu hohes Niveau der Wohlfahrt und zu hohe Löhne bewirken stetig steigende Verbraucherbedürfnisse, aber auch ständig steigende Preise der Waren. Dies sind die Hauptfaktoren, die zur Inflation beitragen und folglich eine Rezession verursachen.

3

Die Ungleichheit von Angebot und Nachfrage kann entweder darauf zurückzuführen sein, dass das Angebot die Nachfrage übersteigt oder umgekehrt. Die Rezession der Vergangenheit lag an der ehemaligen Inflation, während die derzeitige Rezession durch die jetzige Inflation hervorgerufen wird. Tatsächlich leiden wir immer an einem Produktions- oder Angebotsmangel. Eine wirtschaftliche Rezession, im frühen Stadium einer kapitalistischen Volkswirtschaft, geschah, weil die Öffentlichkeit nicht genug von der erhöhten Produktivität profitiert hatte, die durch die industrielle Revolution erzeugt wurde, so dass es eine Ungleichheit gab, die einerseits durch eine hohe Produktivität und andererseits durch eine schwache Kaufkraft verursacht wurde. Das heißt, dass der Angebotsüberschuss nicht so sehr zu kritisieren ist wie der Mangel an Kaufkraft, wie die große Depression von 1929 deutlich zeigte. Viele Menschen starben an Hunger, obwohl Nahrungsmittel sogar zu verringerten Preisen nicht verkauft wurden. Das nennen wir Deflation. Heute sind nicht verkaufte Waren für das Vernichten der tatsächlichen Kaufkraft der Menschen wegen ihrer hohen Preise verantwortlich. Es scheint das gleiche Symptom zu sein wie übermäßiges Angebot. Aber in der Realität liegt es an einer Änderung in der Philosophie von einer produktionsorientierten kapitalistischen Volkswirtschaft in eine vom Staat regulierte Wirtschaft, die versucht, Reichtum gleichmäßig zu verteilen. Mit dieser Wirtschaftsphilosophie sind die Gewerkschaften in der Lage, Handelsrechte zu monopolisieren, werden Lohnforderungen übertrieben und der Staat gibt zu viel Geld aus für den Wohlfahrtsnutzen. Unsere aktuellen Wirtschaftsprobleme entstehen durch eine irrtümliche Philosophie.

Eine andere Nebenwirkung dieser Philosophie ist, die Wirtschaftsstruktur umzustoßen. Es gibt einen Interessenkonflikt zwischen Arbeiter und Unternehmer, zwischen Regierung und Unternehmen. Dieses führt zu einer Konfrontation, die die Anstrengungen für den wirtschaftlichen Fortschritt zunichte macht.

Unserer Gesellschaft muss auf dem Grundsatz von Zusammenarbeit und Einvernehmen beruhen. Nur damit kann unsere Gesellschaft Fortschritt erzielen. Der Konflikt ist nur ein Hinweis auf Probleme im sozialen Fortschritt. Wenn eine Gesellschaft den Nutzen der Zusammenarbeit genießt, wird sie wohlhabend. Andererseits ist eine Gesellschaft, die nur kontroverse Interessen kennt, in Aufruhr. Wenn eine Gesellschaft erfolgreich sein soll, müssen alle Beteiligten zusammenarbeiten. In der hoch technologischen Welt von heute wird leider die Grundregel der Zusammenarbeit noch nicht ganz von allen erkannt. Der Kommunist befürwortet Klassenkampf, der Sozialist bevorzugt politisches Interesse. So sind wir nicht nur unfähig, unsere Wirtschaftsprobleme zu lösen, sondern wir verschlechtern sie auch noch. Wenn wir die Inflation unserer Zeit betrachten, ist ihre Problematik größer als je zuvor, und ihre damit verbundenen sozialen Probleme sind auch tiefer und weit verbreiteter.

4

Wirtschaftliches Einkommen ist das Ergebnis von Produktion. Vom Standpunkt der Verteilung aus gesehen, ist Einkommen ein Ausgleich und ein Teil der Produktkosten. Vom Gesichtspunkt eines Kunden aus, ist es die Bezahlung der Produkte. Mit anderen Worten sind Einkommen und Produktion die zwei Seiten derselben Münze. Sie werden integriert und sie wirken aufeinander ein. Folglich können wir Löhne nur mit einer entsprechenden Steigerung der Produktivität erhöhen. Wenn wir das machen, ergibt es bloß höhere Produktionskosten und höhere Preise für das Produkt, was zur Inflation führt. Der vorliegende Grund für eine kapitalistische Inflation ist die Umkehrung der Wirtschaftsstruktur, indem politische Mittel zur Wiederverteilung von Reichtum verwendet werden und die Tatsache ignoriert wird, dass das grundlegende Problem unserer Wirtschaft die Produktion und nicht die Verteilung ist.

In der wirtschaftlichen Produktion ist die hauptsächliche Frage die Produktivität. Das Problem unserer Wirtschaft ist nicht, was wir produzieren oder wie es bezahlt wird, aber wie viel? Die Produktionsmenge muss von der Leistungsfähigkeit der Produktion oder der Produktivität abhängen. Die Kosten der Produkte hängen mit der Produktivität und die Verkäufe mit dem Preis zusammen. Je höher die Produktivität ist desto niedriger sind die Kosten und der Produktpreis. Das heißt, die Produktivität legt den Preis fest, der Preis legt den Verkauf fest und der Verkauf legt die Produktion fest. Nur mit höherer Produktivität kann die Industrie erfolgreich sein und sich weiter vergrößern. Dies ist das Grundprinzip für Wirtschaftswachstum. Wenn wir jedoch die Produktivität vernachlässigen und nur die Herstellungskosten durch Löhne und die Defizitfinanzierung der Regierung erhöhen, wird diese Politik die Kaufkraft der Wirtschaftsbeteiligten senken, die dann wiederum Umsätze und Wachstum hemmen. Großbritannien genoss wirtschaftlichen Wohlstand vom 17. Jahrhundert bis nach dem Zweiten Weltkrieg allein aufgrund der Tatsache, dass es das erste Land war, das zu der Zeit der industriellen Revolution die Produktivität erhöhte. Mit seinem beträchtlichen Reich hatte es auch gleich Zugang zu Rohstoffen zu niedrigen Kosten. Jedoch hat es seit dem Sozialismus und der Einführung des Wohlfahrtsstaates nach dem Zweiten Weltkrieg seine wirtschaftliche Philosophie von der früheren Grundregel der Unternehmensfreiheit in eine gleichmäßige Verteilung von Reichtum geändert. Die Regierung greift aktiv in das Wirtschaftsleben ein und unterstützt die Wirtschaft durch starke Gewerkschaftsforderungen nach höheren Löhnen und mehr Wohlfahrtsnutzen. Aus einer freien Wirtschaft ist eine von der Regierung regulierte Verbraucherwirtschaft geworden. Die Produktivität ist allmählich gesunken und es hat ihre gewohnte Wettbewerbsfähigkeit im Weltmarkt verloren. Viele ihrer Hauptindustrien wie Textilien, Stahl, Kohle, Schiffsbautechnik und Autoherstellung sind an andere Staaten mit besserer Produktivität verloren gegangen. Großbritannien ist jetzt sowohl wirtschaftlich als auch politisch in großen Schwierigkeiten. Daraus können wir sehen, dass ein Land, das die Verteilung von Reichtum als sein Führungsprinzip versteht, eine Illusion von Reichtum unter seinem Volk verursacht und dadurch mehr fordert, ohne ihre eigene Leistungsfähigkeit zu verbessern. Das zerstört die Industrie. Wenn die Vereinigten Staaten nicht ihre hohen Steuern gesenkt hätten und fortgefahren wären, hoch technologische Produkte einzuführen, stünden sie einer düsteren wirtschaftlichen Zukunft gegenüber. Dies ist die Erklärung für Produktivität, die nicht nur über die Produktion entscheidet, sondern auch über Beschäftigung und Löhne, Gewinne und Zuteilung von Mitteln, sogar wirtschaftlichen Fortschritt im Allgemeinen. Aus diesem Grund müssen Forderungen nach höheren Löhnen und Nutzen mit zunehmender Produktivität verbunden werden. Und höhere Staatsausgaben müssen von der Erhöhung des Wirtschaftswachstums kommen. Diese strenge Politik ist die Logik der Wirtschaft. Die Menschen müssen ihren Verhältnissen entsprechend leben. Wenn man mehr produzieren kann, kann man mehr haben, aber wenn man weniger produziert, muss man dementsprechend leben. Wenn man die Produktivität missachtet und nur einen höheren Lebensstandard beibehalten möchte, würde das nur auf Kosten der anderen Arbeiter möglich sein, die darunter leiden, denn Inflation führt schließlich zur Rezession. Eine einfache Philosophie des Wohlfahrtsstaates, Keynes „Steuerpolitik" oder noch schlechter der Kommunismus liefern genügend Geld, um Nachfrage und Jobs zu bilden. Aber keines verbessert das allgemeine Wohl. Langfristig verursachen sie nur Elend.

Ein Wirtschaftswissenschaftler, Friedrich A. von Hayek, Gewinner des Nobelpreises für Nationalökonomie 1974, sagte 1975: „Wir sind in der unglücklichen Position, dass Lord Keynes, ein brillanter Mann, Wirtschaftswissenschaftler von bestimmten Ideen überzeugt hat, die nachweislich falsch sind, besonders die Idee, dass, wenn wir einfach genügend Geld zur Erhöhung der Nachfrage zur Verfügung stellen, wir Vollbeschäftigung beibehalten können. Es funktioniert für eine Zeit. Aber es drängt Menschen in Positionen, in denen sie ohne steigende Inflation nicht für immer beschäftigt werden können."

Professor Peter Drucker sagte 1975 in einem Leitartikel des Wall Street Journals gleichfalls: „Kapitalinvestition anstatt Verbrauch wird in den nächsten Jahren die treibende Kraft des Wirtschaftswachstums werden müssen... Die weltweite Hochkonjunktur vom Ende des Zweiten Weltkrieges bis 1970 wurde durch die Verbrauchernachfrage angetrieben. Ab sofort wird das Zentrum des Wirtschaftswachstums in den Bereichen sein, die große und massive Investitionen erfordern: Energie, Umwelt, Transport und Steigerungen in der Nahrungsmittelproduktion. Vor allem werden in der folgenden Dekade Jobs das größte Bedürfnis sein, die Kapitalinvestition in einem sehr großen und stetig steigenden Umfang erfordern. "In den Entwicklungsländern ist das Bedürfnis nach Kapital sogar noch größer, damit neue Jobs gebildet werden können. Was wir jetzt benötigen, ist eine neue wirtschaftliche Philosophie, die auf Kapital anstatt ausschließlich auf Verbrauchernachfrage basiert. Wir müssen die Produktion anstatt die Verteilung des Einkommens fördern. Denen, die unsere Richtlinien bestimmen, scheint nicht bewusst zu sein, dass die aktuelle Form des gemischten kapitalistischen Systems und der Stückzahlpolitik keine dauerhaften Gewinne bringen werden. Wir benötigen eine grundlegende Änderung in der derzeitigen Philosophie des Wohlfahrtsstaates. Ohne diese Änderung werden wir nicht in der Lage sein, unsere tief verwurzelten Probleme zu lösen.

5

Wie uns die Geschichte in Bezug auf die kapitalistischen Wirtschaftsprobleme lehrte, können wir sehen, dass eine überholte Produktionsstruktur, nämlich das Verhältnis zwischen Unternehmer und Arbeiter, ein Ungleichgewicht von Produktivität und von Einkommen verursachte. Obgleich der Wohlfahrtsstaat noch das Wirtschaftssystem mit dem größten Anteil an Privatbesitz darstellt, ist es sein Ziel, eine moderne Gesellschaft durch eine gleichmäßige Verteilung der Einkommen zu erreichen. Sein Führungsprinzip ist ein universelles und großzügiges System des sozialen Nutzens. Das Grundmodell ist Reichtum für alle. Die Arbeiterregierung, gewählt nach dem Zweiten Weltkrieg in Großbritannien, folgte dieser Idee und errichtete das System des Wohlfahrtsstaates. Alle weiteren Industrienationen folgten diesem Muster. Für viele Jahre haben diese Systeme des Wohlfahrtsstaates den Arbeitslosen erheblich genutzt und viele andere Menschen genießen die großzügigen Leistungen. In Großbritannien und in Australien erhalten viele Arbeitslose höhere Lohnersatzleistungen als sie Löhne aus Arbeit bekommen hätten. Aber nach den Jahren des Wohlfahrtsstaates stehen Großbritannien und sogar die Vereinigten Staaten unter enormem Druck und kämpfen mit Produktivitätsverlust und erhöhten finanziellen Belastungen, die Inflation verursachen. Wir sind nicht gegen den Wohlfahrtsstaat, aber es darf kein nachteiliges Klima für eine wirtschaftliche Entwicklung verursacht werden. Unser Wirtschaftsfeind Nr. eins ist heute die Inflation. Wie wir erklärt haben, wurden die Rezessionen der frühen kapitalistischen Volkswirtschaften durch veraltete Strukturen verursacht, die zu einem Ungleichgewicht zwischen Massenproduktion einerseits und einem Mangel an Massenkaufkraft andererseits führte. Aber in der folgenden Zeit wurde die Rezession zum einen durch massivere Forderungen der Gewerkschaften nach höheren Löhnen verursacht, allerdings ohne nennenswerten positiven Produktivitätseffekt und zum anderen wurde der Rezession Vorschub geleistet durch Regierungsbeschlüsse zur Besteuerung der Geschäftskosten der Produktion. Ohne Kontrollen werden diese beiden grundlegenden Probleme und die Inflation fortwährend eine Bedrohung sein, die Rezessionen verursacht. Jetzt wenden alle Regierungen finanzielle Mittel auf, um die Inflation zu bekämpfen, indem sie viele oder wenige Kredite geben und die Zinssätze von Zeit zu Zeit erhöhen oder senken. Viele hielten finanzielle Mittel für ein Allheilmittel, das das Inflationsproblem regulieren kann. Wenn das so ist, warum muss die Regierung diesen Regelungsmechanismus so häufig verwenden und die Zinssätze vier- bis fünfmal in einem Jahr erhöhen oder senken? Es ist nur eine schwache Maßnahme zur Lösung dieser Probleme, die keinen durchschlagenden Beitrag zur grundlegenden Bekämpfung der Inflation erbringt. Die Bedrohung des Rezessionszyklus durch Inflation bleibt bestehen. Ebenso eröffnet sie die Möglichkeit auf Spekulationsgewinne in den Geldmärkten, was nicht gerade für den wirtschaftlichen Fortschritt förderlich ist. Außerdem müssen wir die Konsequenzen der Politik des Wohlfahrtsstaates betrachten, die die Menschen eher zum Arbeiten entmutigt. Das wiederum bildet eine grundlegende Bedrohung der gesamten Wirtschaft. Wenn wir uns nur um die gleichmäßige Verteilung des Volkseinkommens bemühen und die Produktivität vernachlässigen, laufen wir Gefahr, die vorherrschende Grundeinstellung der Menschen zur Arbeit zum Nachteil zu verändern. Sobald die Produktivität nicht mehr das Maß für Wirtschaften ist, können wir auf den freien Märkten nicht konkurrieren. Sinkende Umsatzrenditen und Insolvenzen führen dann auch zur Vernichtung vieler Arbeitsplätze. Da die Arbeitslosenrate immer mehr ansteigt, werden die Menschen gezwungen, das soziale Netz des Wohlfahrtsstaats vermehrt in Anspruch zu nehmen. Die zunehmende Belastung der Sozialkassen führt zu steigenden Steuern mit einhergehender Inflation. Immer weniger Steuerzahler müssen das Sozialstaatsbudget erbringen und das Staatsdefizit wird noch größer. Die Regierung muss ihr Defizit dadurch finanzieren, dass sie mehr Geld druckt oder vermehrt Staatsanleihen auflegt. Die erste Methode heizt die Inflation noch stärker an, die andere treibt die Zinsen in die Höhe. Beide Maßnahmen führen zu Verteuerung der Kosten für Arbeit und weiterer Rezessionen. Schließlich können die Aufwendungen für soziale Wohlfahrts- und Beschäftigungsprogramme nicht mehr aus dem Steueraufkommen finanziert werden, was der Gefahr einer Währungskrise weiteren Vorschub leistet.

Der Sinn eines Wohlfahrtsstaates ist nicht darauf beschränkt, das Wohl der Menschen zu verbessern. Eine ausgewogene Wirtschaftspolitik dient dazu, Arbeitsplätze zu erhalten und zu schaffen und das Volkseinkommen zu steigern. Diese Politik kann nur Erfolg haben, wenn folgenden Bedingungen eingehalten werden:

1. Eine Steigerung der produktiven Tätigkeiten bzw. die kontinuierliche Expansion der Produktion erfordert eine größere Anzahl von Arbeitnehmern. Mehr Beschäftigte wiederum führen zu einem höheren Regelungsaufwand zur Verteilung des Volkseinkommens.

2. Eine Steigerung der Produktivität, die das Realeinkommen der Beschäftigten erhöht. Diese Steigerung gibt den Haushalten mehr Kaufkraft und erhöht den Lebensstandard.

Wie wir bereits betont haben, ist das wirtschaftliche Einkommen das Ergebnis der Produktion, und Einkommen und Produktion sind zwei Seiten derselben Münze. In der wirtschaftlichen Produktion muss das Hauptaugenmerk auf der Frage der Produktivität liegen. Die Lenkung der Produktion beschränkt sich nicht darauf, was in welchen Mengen produziert wird, sondern wird in erster Linie von der Höhe der Produktionskosten bestimmt. Die Handhabung des Problems des wirtschaftlichen Rezessionszyklus liegt in der Kunst des richtigen Ausgleichs zwischen der Höhe des Volkseinkommens und der Produktion. Wenn Einkommen und Produktion ausgeglichen sind, gibt es kein ausgeprägtes Ungleichgewicht zwischen Angebot und Nachfrage, so dass die Gefahr der Rezession kontrollierbar bleibt.

Leider haben alle unsere politischen Wirtschaftstheorien wenig Aufmerksamkeit auf diese zugrunde liegende wirtschaftliche Tatsache gelenkt. Am Anfang des Kapitalismus wurden nur die Rechte der Kapitalisten hervorgehoben und die Beteiligung der allgemeinen Arbeitnehmerschaft an der verbesserten Produktivität wurde vernachlässigt. Dies ergab ein Ungleichgewicht zwischen der Produktion und der Verteilung des Volkseinkommens, das wiederum führte zu Deflation oder einem Ungleichgewicht zwischen Angebot und Nachfrage.

Die Politik, die der Sozialismus oder auch der Kommunismus heute ausübt und auch von den Wohlfahrtsstaaten praktiziert wird, ist lediglich von passiver Art, weil sie sich nur mit den Symptomen befasst und nicht mit der eigentlichen Ursache des Problems, wie Wohlstand erzeugt werden soll. Wir geben enorme Mengen an Geld für die Wohlfahrt aus. Warum nehmen wir nicht das Geld, um den Menschen zu helfen, sich in den produktiven Tätigkeiten zu engagieren und sich damit selbst zu helfen, indem wir ihnen das Kapital zur Verfügung stellen, das für produktive Tätigkeiten verwendet wird? Das ist nicht nur eine bessere Politik, sondern wirkt auch motivierend und wird wirtschaftliche Investitionen fördern. Die heutigen kapitalistischen Probleme werden unter anderem entweder durch Kapitaleigner oder Gewerkschaften verursacht, die die Wirtschaftsmacht für eigene egoistische Interessen kontrollieren wollen. Das schafft Klassenkonflikte und behindert den wirtschaftlichen Fortschritt. Ein Wirtschaftswissenschaftler, Ben Fisher, Direktor für Arbeitsstudien am Institut für städtische und öffentliche Angelegenheiten der Vereinigten Staaten, sagt: „Die Kriegsführung und die Feindseligkeit, die für die meisten Staaten in der Geschichte typisch waren, sind ein Luxus, den sich unsere Gesellschaft nicht mehr leisten kann. Was wir benötigen, sind Gewerkschaften, die selbstsicher, stark und fähig sind, als kooperativer Partner in der Beziehung von Arbeitnehmer und Geschäftsleitung zu wirken." (*Business Week*, 21. September 1981)

6

Im Buch „Die Entwicklung der japanischen Wirtschaft", das von den Wirtschaftswissenschaftlern J. Hirshmeier und J. Yai geschrieben wurde, steht, dass der Erfolg der japanischen Wirtschaft nach dem Zweiten Weltkrieg tatsächlich tief verwurzelt war in der japanischen Traditionsphilosophie von Konfuzius „Brüderlichkeit in der menschlichen Gesellschaft." Die Wissenschaftler förderten das Produktionsverhältnis der Klassen, nicht den Klassenkampf wie die westlichen Gewerkschaften es befürworteten.

Um einen produktiven Staat anstelle eines Wohlfahrtsstaates für Verbraucher zu verwirklichen, muss eine neue Struktur der Produktionsverhältnisse geschaffen werden. Nur mit einem guten Verhältnis zwischen Arbeiternehmer- und Arbeitgebevertretungen können die Einkommen erwirtschaftet und Lohnstabilität erreicht werden. Ein neues Verhältnis muss das derzeitige Arbeitnehmer - Arbeitgeber Verhältnis ersetzen, das noch zu sehr durch den Interessenkonflikt zwischen den zwei hauptsächlichen Wirtschaftsbeteiligten in Bezug auf Konfrontationen und die ungleiche Einkommensverteilung geprägt ist.

Wenn sie einfach nur in der Funktion als Arbeitnehmer und Arbeitgeber aufträten, entstünde kein besonderes öffentliches Interesse. Das neue Verhältnis muss von einer echten Produktionspartnerschaft geprägt sein. Es reicht nicht, einem Arbeiter bloß seinen Lohn zu zahlen. Die Stimme des Arbeitnehmers muss in der Geschäftsführung Gewicht haben und die Arbeitnehmer müssen in geeigneter Form am Produktionsgewinn beteiligt werden. Um dieses neue Verhältnis sicherzustellen, müssen den Arbeitnehmern bestimmte Tantiemen zugeteilt oder Vorzugs- oder Belegschaftsaktien angeboten werden. Gemeinsames Management und Gewinnbeteiligungssysteme würden den Besitz und das Volkseinkommen auf alle Menschen ausdehnen und dem erwünschten Ziel näher kommen, die Verteilung des Wohlstandes durch Arbeit und Beteiligung statt durch großzügig gewährte Wohlfahrt zu regeln. Aufgrund dieses neuen auf Besitz und Beteiligung ausgerichteten Systems zur Verteilung des Volkseigentums würden Angebot und Nachfrage einerseits und Einkommensverteilung und Produktivität andererseits besser aufeinander abgestimmt werden können. Die gerechtere Verteilung der Produktivitätssteigerungen würde unrealistische Lohnsteigerungen oder unrealistische Wohlfahrt vermeiden. Wenn wir den Arbeitnehmern Gewinnbeteiligung durch den Besitz einer bestimmten Tantieme oder Belegschaftsaktien erlauben, haben der Arbeiternehmer und der Unternehmer ein gemeinsames Interesse und gemeinschaftliche Verantwortung für den Erfolg des Unternehmens. Ihr Verhältnis würde nicht auf Konfrontation, sondern auf Zusammenarbeit und Einvernehmen mit allen Beteiligten beruhen und dem allgemeinen Wohl dienen. Schon früh genossen die Arbeiternehmer in Japan eine regelmäßige Prämie, die auf den jährlichen Gewinnen basierte. Die lebenslange Beschäftigung in einem Unternehmen ist üblich und diese zwei Faktoren haben wesentlich zum japanischen Wirtschaftswunder beigetragen. Daher haben japanische Arbeitnehmer und Arbeitgeber ein gutes Verhältnis zueinander und erreichen eine hohe Produktivität. Die Produktivität der Arbeiternehmer geht direkt mit ihren Leistungen einher. Jede Steigerung ihrer Löhne und Gehälter basiert auf einer Steigerung ihrer Produktivität, so dass es keine zusätzlichen Produktionskosten gibt.

Die grundlegende Begabung des Unternehmers liegt in der zielführenden Kombination aller Produktionsfaktoren unter Einbeziehung der dem Stand der Technik entsprechenden Technologie und der richtigen Vermarktung eines Produkts. Die herausragenden Produktionsfaktoren Arbeit, Boden und Kapital unterliegen in Abhängigkeit von der Zeit, dem Ort und dem Produkt starken Schwankungen in ihrem jeweiligen Wert. Unabhängig davon sind alle Produktionsfaktoren wichtig und unverzichtbar. In der Regel trägt die Struktur der Produktionsverhältnisses am meisten zum Erfolg des Produktionsprozesses und zur Prosperität einer Volkswirtschaft bei. Nehmen wir das YKK (Yoshida Kogyo YKK) als bekanntes Beispiel. YKK sieht die Notwendigkeit, menschliche Betriebsmittel für den Fortschritt der Industrie zu entwickeln, die Mitarbeiter an ihre Firma zu binden und ihnen das Gefühl zu geben, ein originärer Teil von YKK zu sein. Dieses Verhältnis wird dadurch gesichert, dass es den Mitarbeitern ermöglicht wird, ihre Ersparnisse z. B. in Form von Belegschaftsaktien in die Firma einzubringen. Damit erhalten die Mitarbeiter attraktive materielle Anreize zur Bildung von zusätzlichem Einkommen. Zudem wird ihre Verbundenheit zur Firma intensiviert, „corporate identity" entsteht. Mit verbesserter Umsatzrendite steigt auch der Profit für die Angestellten und Arbeiter. Im Ergebnis entsteht ein tieferes Verantwortungsbewusstsein gegenüber der Firma, denn alle, Arbeitgeber und auch Arbeitnehmer, sind Geschäftspartner. Aus diesem Grund ist YKK das erfolgreichste Unternehmen in der Herstellung von Reißverschlüssen geworden, vom kleinen Montagebetrieb zum Status des YKK aufgestiegen. Todao Yoshida erklärt sein Konzept mit den folgenden Worten:

„Ich glaube fest an den Geist der sozialen Dienstleistung, Löhne alleine sind nicht genug, unseren Mitarbeitern ein beständiges Leben und steigenden Lebensstandard zu sichern. Aus diesem Grund bringen wir ihnen einen großen Anteil der Früchte ihrer Arbeit zurück, damit sie auch an der Kapitalbildung und am Gewinn des Unternehmens teilhaben können. Jeder Mitarbeiter hinterlegt bei der Firma, abhängig von seinen Mitteln, mindestens 10 Prozent seines Lohns und seiner monatlichen Zuschüsse und 50 Prozent seiner Prämie. Die Firma zahlt daraufhin Zinsen auf diese Ersparnisse. Außerdem werden die Mitarbeiter - auch zur Kapitalerhöhung - weiterhin als Aktionäre im Unternehmen gefördert. Es wird gesagt, dass die Ansammlung von Erspartem den Menschen von den Tieren unterscheidet. Wenn die Tageseinnahmen innerhalb dieses Tages ausgegeben werden, kann es keinen solchen Sparzyklus geben."

„Das Ersparte aller YKK Mitarbeiter wird verwendet, um Produktionsanlagen zu verbessern und trägt auf diese Weise direkt zum Wohlstand
des Unternehmens bei. Höherwertige Produktionsanlagen verbessern
die Qualität der produzierten Waren. Niedrigere Preise, steigende Nachfrage bzw. das Zusammenwirken beider Faktoren tragen zum
Wohlstand anderer Industrien bei, die unsere Produkte einsetzen."

„Wenn der Wohlstand einer Volkswirtschaft wächst, steigt auch der Bedarf an Rohstoffen und den verschiedenen Maschinen. Der Nutzen des
Zyklus dehnt sich aus, nicht nur zu Gunsten des einzelnen Unternehmens, sondern auch zum Vorteil aller anderen tangierten Industrien.
Durch die Erhöhung des Wohlstandes ihrer Firma werden den Mitarbeitern ihre Ersparnisse als Dividenden zurückgegeben. Auf diese Weise
wird auch ihr Lebensstandard verbessert. Dies ergibt sich aus gestiegenen Ersparnissen, die das Unternehmen weiter voranbringen. Höhere
Einkommen und Löhne wiederum führen zu höheren Steuerzahlungen
und höhere Steuerzahlungen wirken sich zu Gunsten aller Bürger aus."

„In diesem Zusammenhang beeinflusst das Ergebnis aus gewöhnlicher
Geschäftstätigkeit direkt den Wohlstand der Gesellschaft, denn Geschäfte trachten nicht ausschließlich nach Profit, sondern sind lebens-
wichtige Instrumente zur Verbesserung der Gesellschaft. Dieser Zyklus
bereichert unsere freie Gesellschaft und trägt zum Glück derer bei, die
innerhalb des Zyklus arbeiten. Das fortwährende Funktionieren dieses
Zyklus produziert beständigen Wohlstand für alle."

Der heutige Produktionsprozess basiert auf der Teilung der Arbeit und
des Handels, und berücksichtigt gleichwohl den Schutz der Natur. Alle
Produktions-, Handels- und Einkommensverteilungsprozesse sind miteinander verbunden. Sie sind nicht unabhängig voneinander. Die Produktion ist der Anfang des wirtschaftlichen Fortschritts und die Verteilung des Einkommens ist bloß das Ergebnis der Produktion. Da die
Volkswirtschaft zur Befriedigung der Bedürfnisse ihrer Menschen nie
genug produzieren kann, muss ein System zur Verfügung stehen, das
Anreize zu produktiven Tätigkeiten bietet und über Entscheidungsre-
geln zur Verteilung der Produkte verfügt. Leider verstehen viele Menschen das Verhältnis zwischen Produktion und Einkommensverteilung
nicht. Dies ist der zugrunde liegende Hauptfaktor für die heutigen Wirtschaftsprobleme. Das Problem wirtschaftlicher Einkommensverteilung
rührt von einem Produktionsmangel her. Es ist der Produktionsmangel,
der das Problem Einkommensverteilung verursacht, das nicht einfach
dadurch gelöst werden kann, indem man den Profit völlig gleichmäßig
verteilt. Wir können das offensichtlichste Phänomen überall beobachten.

Niedrige Produktivität führt in Afrika, in Asien und in Südamerika trotz reicher Bodenschätze und großer Bevölkerung zu Armut.

Wir wissen, dass wir ein rationales Verhältnis zu den Produktionsprozessen herstellen müssen, um einen wirtschaftlichen und sozialen Erfolg erzielen zu können. Dies kann auch dazu dienen, Einkommen und Produktion auszugleichen. So kann die Produktion ohne ernste Unterbrechung kontinuierlich erweitert werden. Dies ist die Grundlage des wirtschaftlichen Fortschritts, der mehr Beschäftigung liefert, Lebensstandards verbessert und den sozialen Wohlstand sicherstellt.

Die industrielle Revolution änderte die Natur der Produktion, so dass wir jetzt eine Fabrikproduktion haben, die nicht mehr durch einzelne Qualitätsarbeit, sondern durch Massenproduktion gekennzeichnet ist, auf hochgradiger Arbeitsteilung basiert. Folglich muss auch das Produktionsverhältnis sozialisiert werden. Es sollte nicht ganz umgestellt werden, um den Menschen nicht den Privatbesitz zu rauben, indem sowohl Privateigentum als auch Unternehmen in staatlichen Besitz umgewandelt würden. Eine übermäßig bürokratische Regierung soll besonders vermieden werden. Der richtige Ansatz besteht darin, den Privatbesitz auszudehnen, um alle Menschen mit einzubeziehen. Diese Politik könnte sozialisierter Privatbesitz genannt werden. Abgesehen von dem wirtschaftlichen Nutzen, den die Anregung zu produktiven Tätigkeiten bringt, ist ein rationales Produktionsverhältnis die Grundlage, ein besseres Gleichgewicht zwischen der Einkommensverteilung und der Produktion zu schaffen und die negativen Auswirkungen der wiederkehrenden Wirtschaftszyklen zu mildern.

Um ein Gewinnbeteiligungssystem für Mitarbeiter einzuführen, sollte der Staat in seiner Verfassung das Grundgesetz verankern, dass jeder Bürger das „Recht zu arbeiten" hat. Dieses Recht würde durch die Regierung gesichert, die einfache Bedingungen für die Inanspruchnahme aller natürlichen Ressourcen und finanzielle Hilfen für private Investitionen vorsieht. Die Verfassung würde folglich jedem Bürger eine angemessene und gleiche Chance geben, sich produktiv zu engagieren und seinen Anteil der Früchte zu ernten, die er sich bei der Arbeit erworben hat; dieses neue Wirtschaftssystem würde jedem zu gute kommen. Es würde eine menschliche kapitalistische Gesellschaft sein. Man könnte sie als „Sozialen Kapitalismus" bezeichnen. In der frühen Form des Kapitalismus, kontrollierte der Unternehmer die gesamte Wirtschaftsmacht. Er erntete den weitaus größten Anteil des Gewinns und schuf eine „Gesellschaft des reichen Mannes". Unter dem Kommunismus erntete nur die Partei oder der bürokratische Staatsapparat den Nutzen aus der Konzentration der Wirtschaftsmacht auf ein Monopol, so dass wir sie eine

„Gesellschaft der Parteimitglieder" nennen könnten. Diese zwei Systeme sind darin ähnlich, dass den Massen die Früchte ihrer Arbeit genommen werden.

Unsere derzeitige Unternehmensstruktur ist ein veraltetes Produkt des 17. Jahrhunderts. Zu jener Zeit bestand das Wirtschaftsleben hauptsächlich aus Landwirtschaft. Sie war arbeitsintensiv. Der Umfang der Produktion war gering und die technischen Hilfsmittel, die benutzt wurden, waren einfach. In unserer Zeit wird die Produktion mit bedeutenden Fortschritten in Ausrüstung, Automatisierung und in der Verschiedenartigkeit der Wirtschaftsaktivitäten sozialisiert. Es sollte eine neue sozialisierte Unternehmensstruktur gebildet werden, um ein direktes Verhältnis zwischen dem Vermögen der Mitarbeiter und dem der Arbeitgeber aufzubauen.

In der Wirtschaft haben die Mitarbeiter den Nutzen aus der Gewinnbeteiligung. Im öffentlichen Dienst und auch in den verschiedenen Regierungsämtern haben die Beamten diesen Nutzen nicht. Da ihre Arbeiten für die Gesellschaft hoheitlichen Charakter innehaben, sollte man ihnen und ihren Familien zum Ausgleich Vergünstigungen beim Wohnungsbau, bei der Nutzung öffentlicher Verkehrsmittel und bei der Inanspruchnahme medizinischer Behandlung geben. Die im Vergleich zu Privatunternehmen verhältnismäßig niedrigeren Bezüge führen in diesen Bereichen entweder zu einem Mangel an Mitarbeitern oder es sind zu viele ineffiziente Mitarbeiter. Diese Situation führt zu Korruption in der Schule und in anderen Regierungsbereichen. Um den Angestellten im Öffentlichen Dienst höhere Gehälter zahlen zu können, sollte die Regierung durch Deregulierung der Verwaltung und Vereinfachung der Gesetze die Finanzausstattung verbessern. Dies führt zum Abbau von Bürokratie. Wir müssen leistungsfähige und gute Angestellte im Öffentlichen Dienst haben. Nur dann kann die Regierung die angestrebte Politik verwirklichen. Es ist weit besser, weniger höher bezahlte Regierungsbeamte zu haben als eine große Bürokratie. Gehaltssteigerungen sollten mit der Wachstumsrate des Bruttosozialprodukts oder der prozentualen Steigerung der nationalen Produktivität korrelieren, aber keinesfalls der Inflationsrate entsprechen. Das würde die Inflationsrate noch stärker ansteigen lassen. Die Regierung hat die Verantwortung, die Inflation zu kontrollieren.

7

Die Industrialisierung hat nicht nur die Produktionsstruktur, sondern auch die Art des sozialen Lebens geändert. Die Menschen werden in einer einzelnen Agglomeration, der Stadt, konzentriert. Um Stadtleben sicherzustellen müssen viele Voraussetzungen gegeben sein. Nahrung, Arbeitsplätze, Transportmöglichkeiten, Gesundheitsdienste, Schule, Umweltschutz und viele andere öffentliche Dienstleistungen müssen zur Verfügung stehen. Regelungen und Gesetze sind erforderlich, um die Regierungsarbeit zu organisieren und der unternehmerischen Freiheit und der Steuer- und Kreditpolitik den entsprechenden gesetzlichen Rahmen zu geben. Bereits dadurch entsteht Regierungsintervention im Wirtschaftsleben. Mit dem industriellen Fortschritt wurde die Wirtschaft so wie auch das soziale Leben komplexer. Die laissez faire Politik des frühen Kapitalismus, keine Interventionen von außen zu erlauben, wie sie während der Zeit von Adam Smith praktiziert wurde, ist auf eine Worthülse reduziert. Die Frage ist nicht mehr, ob man für Wirtschaftssysteme einen regulatorischen Gesetzesrahmen benötigt oder nicht, sondern in welchem Grad und von welcher Art? Wir sind nicht davon überzeugt, dass die Regierung erfolgreicher ist als die Mechanismen des freien Marktes in der industriellen Entwicklung. Alle möglichen Versuche der Regierung, die Volkswirtschaft früher oder später zu führen, neigen dazu, einem politischen Zweck zu dienen. Überall auf der Welt können wir Regierungsbürokraten sehen, die sich nur für das Halten ihrer Position und ihres Wohls interessieren, aber keine Initiative zeigen und sich nicht für die Finanzen der öffentlichen Hand interessieren.

Ein Franzose, Pierre Bellouche, schrieb ein Buch „Die Unbewegliche Republik". Er beschrieb das Folgende: „Wir leben mit dem hohen Wert des Wirtschaftsmodells der französischen Sozialkapitalisten. Aus dem französischen Etat werden 80 Prozent für Sozialkosten, Pensionen, Beihilfen, usw. der sechs Million Verwaltungsmitarbeiter verbraucht. Sie bevorzugen es, bestimmte Dinge auf kostspielige Art und Weise zu tun. Nehmen wir zum Beispiel die im Staatsbesitz befindliche französische Eisenbahn. 1966 bauten sie Brücken und Züge. Die Kosten für den Steuerzahler für die Fahrkarten und Frachtaufkommen beliefen sich auf $ 7,5 Milliarden zur Deckung der Schulden und Stillstandskosten." *(Juni 1998, Forbes)*. Aus diesem Grund sollte die Regierung nicht übermäßig in die Geschäfte der Volkswirtschaft eingreifen oder gar das Diktat übernehmen. Sie sollte sich mehr auf die Bereitstellung von Anreizen konzentrieren und die Förderung unproduktiver Tätigkeiten im Zusammenhang mit der Bildung von Monopolen und bezogen auf den Bereich von Finanzspekulationen verhindern. So sollen die Regelungen nicht die Kontrolle über die Geschäfte übernehmen, sondern die äußeren Anforderungen und Spezifikationen für Geschäftstätigkeit gewährleisten. Das Anti-Trust-Gesetz zielt nicht auf spezielle Unternehmen ab, sondern bezweckt, unlautere Wettbewerbsbeschränkungen von Wirtschaftsbeteiligten zu bekämpfen. Mit dem Arbeitsrecht sollte der Gesetzgeber den Schutz der Arbeitnehmer vor unbotmäßiger Ausbeutung gewährleisten, während es umgekehrt der Arbeitnehmerschaft nicht möglich sein darf, Löhne und Leistungen durch übermäßige Gewerkschaftsmacht zu diktieren. Das Verhältnis zwischen Regierung und Privatunternehmen sollte von dem gegenseitigem Interesse geprägt sein, die Produktivität zu steigern und nicht darauf angelegt sein, daraus politisches Kapital zu schlagen oder monetäre Vorteile zu erzielen. Gewerkschaften sollten mit den Arbeitgeberverbänden und dem Management zusammenarbeiten, damit alle Seiten von der gesteigerter Leistungsfähigkeit profitieren, anstatt zusätzliche Zahlungen oder Gewinne unabhängig von freien Marktgesetzen zu erwarten.

So wie die moderne Industrieproduktion sich entwickelt, so werden sich auch neue Probleme ergeben. Mit steigendem Lebensstandard wuchsen auch die Ansprüche der Menschen. Wo ist der richtige Weg zur Befriedigung der wachsenden Bedürfnisse? In unseren heutigen schwierigen sozialen Strukturen bringen verschiedenste Konflikte der unterschiedlichen Interessengruppen ständig neue Probleme mit sich. Technologische Innovationen führen zu Veränderungen in der Wirtschaft, die wiederum Verschiebungen der Produktion, der Betriebsmittel und der Beschäftigungslage mit sich bringen werden. Wir erreichen jetzt eine Periode, in der die Volkswirtschat ist nicht mehr nur national ausgerichtet. Die Globalisierung der Wirtschaft schreitet immer schneller voran. Diese neuen wirtschaftlichen Tendenzen des zwischenstaatlichen Handels beruhen auf internatonalen Wirtschaftsbeziehungen, die das Rückgrat des industriellen Lebens geworden sind und dem weltweiten Wettbewerb im Interesse der Allgemeinheit immer mehr Vorschub leisten. Die Erhaltung der industriellen Produktivität ist nicht einfach nur wünschenswert, sondern zum Überleben notwendig. Aufgrund dieser tief greifenden Veränderungen sind neue wirtschaftliche Strategien erforderlich, die über die früheren Theorien des freien Unternehmertums hinaus gehen, wonach keine Intervention erlaubt sind, oder wonach die neuere Keynesianische Apotheose einer steuerlichen Ausgabenpolitik als die Lösung aller kapitalistischen Probleme gefordert wird.

Spätestens jetzt sollte man verstehen, dass man bei nachlassender Produktivität nicht mehr imstande ist, auf dem Weltmarkt zu konkurrieren. Folglich muss in der Produktion mehr in technologische Forschung und in Innovationen investiert werden, um die Produktivität zu erhöhen und die Produkte zu verbessern. Dies erfordert eine konstante Investitionspolitik und die Zusammenarbeit mit allen Kräften, die von der Produktion abhängig sind. Zudem muss die Regierung als Partner der Wirtschaft für ein besseres Investitionsklima sorgen und die industrielle Entwicklung durch geeignete Maßnahmen und günstige Rahmenbedingungen anregen.

Die neuen Gegebenheiten in Politik und Wirtschaft erfordern eine Regierung, die zum Nutzen der Produktionstätigkeiten und des betrieblichen Leistungserstellungsprozesses eine positive Rolle spielt, und nicht nur die Kontroll- oder Planungshoheit ausübt. Kontrolle von außen und staatliche Planung entsprechen nicht dem Prinzip der Unternehmensfreiheit und dem Gesetz der freien Marktwirtschaft, sondern sind dem wirtschaftlichen Fortschritt eher abträglich. Die Staatsausgaben werden aus dem Steueraufkommen beglichen oder müssen fremd finanziert werden. In jedem Fall werden sie aus den Ersparnissen der Menschen bestritten. Wenn der Staat nur Steuern erhebt, nicht aber zugleich das Gemeinwohl der Menschen fördert, ist das so, als ob man die Kuh schlachtet, die man melken wollte. Damit ein kontinuierlicher wirtschaftlicher Fortschritt gesichert werden kann, muss die Regierung eine positive Rolle spielen und ein vorteilhaftes Klima zur Verfügung stellen. In einer sozialen Marktwirtschaft müssen Staat und Regierung die Funktion der Gesetze der Marktfreiheit aufrechterhalten und dürfen nicht versuchen, die Wirtschaftspolitik zu kontrollieren und das Volkseinkommen nach neuen Regeln zu verteilen. Das verstieße gegen die Grundregeln der Marktwirtschaft und behinderte die wirtschaftliche Entwicklung und die freiheitliche Entfaltung der Marktkräfte.

Professor Chalmer Johnson unterstreicht in seinem Buch *MITI and Japan Miracle*, dass der Erfolg der japanischen Wirtschaft auf das japanische Ministerium für Internationalen Handel und Industrie zurück zu führen ist. Dieses Ministerium spielte eine außerordentlich positive Rolle in der Entwicklung der Privatwirtschaft. So hatte auch die Regierungspolitik der Vereinigten Staaten bedeutenden Einfluss auf die Entwicklung einiger privater Industriezweige. Die Regierungspolitik der Vereinigten Staaten hat sich - mit Ausnahme des Sektors, mit dem sie eng zusammenarbeitet - hauptsächlich auf die Regulierung der Privatwirtschaft konzentriert. Die Vereinigten Staaten haben eine florierende Rüstungsindustrie und sind der Welt größte Exporteur von Agrarerzeugnissen. Diese Tatsache veranschaulicht die alternative Form des Kapitalismus, die benötigt wird, um den sich ständig verändernden Erfordernissen der heutigen Gesellschaft gerecht zu werden.

Unsere aktuellen kapitalistischen Wirtschaftsprobleme liegen ganz of-
fenbar an einer Änderung in der politischen und wirtschaftlichen Philosophie. Wenn der Schwerpunkt auf dem Wohlstand der Verbraucher anstatt auf der Produktivität liegt, dann übersteigt die Nachfrage das Angebot. Mittlerweile sind gestiegene Löhne, hohe Besteuerung und die
Kosten des Wohlfahrtsstaats eine Belastung für die Produktion und die
Produktivität. Der Anfangserfolg des Kapitalismus lag an seiner Produktivität und an der erweiterten Produktion, die durch die industrielle
Revolution eingeführt wurde. Dies führte zu einer Verringerung der Kosten und folglich auch der Preise für die Produkte in einem solchen Maß,
dass die Waren einen sehr viel größeren Markt erreichten. Das wiederum führte dazu, dass die Produktion kontinuierlich ausgeweitet werden
konnte. Die Rolle der Regierung in der Wirtschaft sollte einen partner-
schaftlichen Charakter haben. Keinesfalls sollte die Regierungspolitik
alles und jedes lenken und ständig in den Marktmechanismus eingreifen.
Die Wirtschaftspolitik der Regierung muss auf den äußeren Regelungs-
rahmen begrenzt bleiben, so dass sie keine Belastung für die Wirtschaftsbeteiligten und deren Geschäftstätigkeit darstellt. Die Wohlfahrt
des Staates soll sich auf die Menschen konzentrieren, die sie wirklich benötigen.

8

Der soziale Kapitalismus basiert auf individuellem Streben und zielt da-
hin, den Menschen ein erworbenes und angemessenes Einkommen anstatt überhöhter Löhne oder Wohlfahrt zu geben. Deshalb ist er wahr-
scheinlich kein System, das Inflation Vorschub leistet. Vielmehr liegt seine Stärke vor allem darin, den Wettbewerbsimpuls des Einzelnen anzuregen, um die Wirtschaft zu entwickeln. Wir sollten uns nicht gegen den
Privatbesitz stellen, solange er dazu dient, die Produktivität anzuregen
und solange ihm der Anteil seiner eigenen Anlage zukommt. Unser
heutiger „Kapitalismus des reichen Mannes" wird von sehr großen Unternehmen beherrscht, die bestimmten wirtschaftlichen Kräften erlauben, gegen wirklich freie Unternehmen vorzugehen. Unterdessen ersti-
ken die kleinen und mittleren Unternehmen an übermäßiger Intervention durch staatliche Regulierung und mächtige Handelsgesellschaften,
die ihren Versuch behindert haben, auf den Markt zu kommen. Der
Markt wird zum Spielfeld der Starken und die unsichtbare Hand, die die
Funktionen des freien Marktes regulieren soll, wirkt unzuverlässig oder
gar nicht.

Mit dem neuen Verhältnis, das wir befürworten, würden Unternehmer und Arbeiter nicht länger unterschiedlich sozialen Positionen innehaben. Beide würden gleichrangig bewertet und hätten dasselbe Interesse am Unternehmen. Der Arbeiter würde nicht bloß Lohnempfänger sein, sondern er hätte den Status eines kapitalistischen Investors. Das Kapital würde nicht mehr als ein Übel betrachtet. Es ist das Ergebnis der Arbeit. Die Menschen haben das Recht, ihre Ersparnisse als Kapital zu verwenden. Sie können ihre kapitalisierten Ersparnisse sowohl für den nationalen Nutzen als auch für sich selbst investieren. Das heißt, dass das im eigenen Besitz befindliche Kapital die Entschädigung für die Bereitstellung der Arbeitsleistung darstellt. Nur die, die keine Beiträge geleistet haben, erhalten kein Kapital. Damit kann man unterstellen, dass man in der neuen sozialen Marktwirtschaft Kapital akzeptiert und die Menschen dazu anregt, es zu besitzen. Die Regierung sollte den Bezug privaten Kapitals erleichtern und eine freie Entwicklung fördern. Dies ist eine fortschrittliche Wirtschaftspolitik, die dazu geeignet ist, die Produktion anzuregen und die Beschäftigungslage zu verbessern. Sie ist der Politik eines passiven Wohlfahrtsstaats vorzuziehen, die untätige Verbraucher unterstützt und Steuermittel nicht zu großzügig verteilt.

In der Volkswirtschaft ist „Kapital" eine der Hauptfaktoren der Produktion. Wenn die Produktion erhöht werden soll, müssen wir die Besteuerung auf ein Minimum beschränken. Für das betreffende Steuersystem sind indirekte Steuern wie Verkaufssteuer und Bearbeitungskosten am angemessensten, vorausgesetzt die Regeln sind in sich stimmig. Z. B. muss die Steuer vom letzten Käufer oder vom Verbraucher, ausgenommen sind die täglichen Gebrauchswaren, gezahlt werden. Alle weiteren Waren, besonders Luxusartikel, können höher besteuert sein. Die hohe Direktbesteuerung wie Einkommen- und Gewinnsteuer verringert die Ersparnisse und das Kapital, das für die Investition erforderlich ist. Davon sind gerade die Menschen betroffen, die innovativ sind und hart arbeiten. Begünstigt hingegen werden die, die nicht zur Ertragskraft beitragen und nicht stark arbeiten. Aus diesem Grund ist die Philosophie der direkten Verbrauchssteuer ein besseres System als die Direktbesteuerung des Einkommens; auf diese Art und Weise wird das Volkseinkommen erhöht. Außer der Produktion benötigt man Kapital und die Ersparnisse einer Person als die Hauptquelle des Kapitals. Die Nachlasssteuer dient nicht dem Land, weil sie Kapital vom privaten Sektor wegzieht und es der Staatskasse zu führt. Andernfalls müssen alle Familien Obacht auf das Wohl ihrer Mitglieder geben oder lassen sie in die produktiven Tätigkeiten zum Wohl der Gesellschaft investieren. Alle Gesellschaften müssen Ersparnisse fördern, die das vorhandene Kapital erhöhen. Die Weltbevölkerung erhöht sich ständig, die Lebensstandards und

Wünsche steigen, also muss die Produktion auch gesteigert und das Kapital gestärkt werden.

Heutzutage haben einige Entwicklungsländer so genannte freie industrielle Zonen eingerichtet, um Investoren anzuziehen. Eine niedrigere Einkommensbesteuerung und sogar eine Steuerbefreiung für einige Jahre, verbunden mit geringeren bürokratischen Hemmnissen, haben bewiesen, dass das nicht nur zum Wirtschaftswachstum beiträgt, sondern auch verbesserte Beschäftigungsaussichten und höheren Lebensstandards mit sich bringt. Die Vereinigten Staaten haben auch ihre Lektion gelernt. Während der Administration von Präsident Reagan Anfang 1980 wandte er sich der „Angebotsseite" der Theorie zu, verringerte den Einkommenssteuersatz der Amerikaner auf den niedrigsten Stand aller entwickelten Länder und deregulierte einige Industrien. Das führte in den 90er Jahren zu einer langen Periode des wirtschaftlichen Wohlstandes. Trotz geringerer Steuerrate senkte sich nicht auch das Steueraufkommen. Auf der anderen Seite genossen die Vereinigten Staaten den steuerlichen Überschuss und nutzten ihn zum Abbau ihres seit vielen Jahren bestehenden Haushaltsdefizits. Dies bestätigt unsere Ansicht, dass die Wirtschaftspolitik, die produktive Tätigkeiten fördert und Intervention auf ein Mindestmaß beschränkt, bessere Ergebnisse erzielt. Obgleich, wie bereits hervorgehoben, die Politik nicht zu stark in das Handeln der Wirtschaftsbeteiligten eingreifen darf, muss jede Regierung und jede Volkswirtschaft schnell auf Veränderungen reagieren und effektiv Schritt halten mit der heutigen raschen Entwicklung des internationalen Handels, mit den schnell wachsenden Industrien und die Entwicklung neuer Technologien und Innovationen fördern. Die Regierung sollte die Koordination übernehmen und Strategien - den wirtschaftlichen Veränderungen entsprechend - formulieren, um den Wechsel in der Wirtschaft und zukünftige Entwicklungen aufzuzeigen. Dies gilt besonders im Hinblick auf neues Marketing, neue Technologien, Forschung und Entwicklung. Auch können alle Arten statistischer Kennziffern und statistischer Trendreihen aufbereitet werden und als Hilfen für Entscheidungen über wirtschaftliche Aktivitäten zur Verfügung gestellt werden. Für solche Aktivitäten haben heutzutage kein einzelner und auch kein einziges Unternehmen die dafür erforderlichen Ressourcen. Kurz gesagt, die Administration muss die Bemühungen der Privatunternehmen koordinieren und mit Subvention der Forschung und mit der Erfassung der Wirtschafts- und Geschäftsstatistiken, Richtlinien für die wirtschaftliche Makroentwicklung anbieten und Über- oder Unterangebote der Geldpolitik vermeiden. Dazu muss sie die jährliche Wachstumsrate begrenzen.

Als Schlussfolgerung kann man sagen, dass die Abschaffung der Unternehmensfreiheit der produktionsorientierten Wirtschaft natürlich nicht die Antwort auf die heutigen Probleme des kapitalistischen Wirtschaftssystems sein kann. Wohlstand wird nur durch die Produktion erzeugt. Die Entwicklung des Volkseinkommens und des Wachstums erfordert den Schulterschluss von Unternehmen und Mitarbeiter sowie Regierung und Industrie. Deshalb sollten wir miteinander ein Verhältnis gegenseitigen Respekts und Vertrauens aufbauen sowie die Prinzipien von Zusammenarbeit und Einvernehmen stärken. Wenn Regierung und Industrie, Arbeiter und Unternehmer zusammenarbeiten, verändert sich ihr Verhältnis von Feindseligkeit zu harmonischer Partnerschaft und Kooperation. Eine neue Ära der gemeinsamen Bemühungen würde helfen, eine starke Wirtschaft und eine bessere Form der Verteilung von Reichtum aufzubauen.

9

Im neuen sozialen kapitalistischen Wirtschaftssystem würde es Privatbesitz geben, aber nur Arbeitseinkommen würde anerkannt. Alle unverdienten Einnahmen wie spekulative Gewinne und überproportionale Gewinnanteile aus diversen Tätigkeiten, sind keine wirklichen Verdienste und würden nicht erlaubt. Mit unserem jetzigen System des Privateigentums sollten viele natürliche Bodenschätze wie Land, Wald und Mineralgewinnungsrechte als Eigentum zum Wohle der Allgemeinheit vorbehalten sein. Öffentliches Eigentum schließt nicht etwa ein, dass die Regierung die ausschließliche Leitungsbefugnis innehat. Es sollte gestattet sein, dass diese Ressourcen im Rahmen der Regelungen von Vermietung oder Pacht durch Firmen so lange genutzt werden können, wie es zur Produktion von Gütern sinnvoll ist. Der Pachtzins sollte gering sein. Das Miet- oder Pachtverhältnis kann unter bestimmen Voraussetzungen verlängert werden, aber der Verkauf der Mietsache würde nicht möglich sein.

Wenn die Produktion aufhört, würde das Mietverhältnis automatisch beendet werden. Wenn es einen neuen Kunden für das Geschäfts gäbe, könnte die Regierung über eine erneute Vermietung verhandeln. Dem alten Mietnehmer sollte es nicht möglich sein, Gewinne mit dem Mietobjekt oder dem Pachtland zu erzielen. Diese Politik würde Spekulationsgewinne begrenzen und so auf übertriebene Gewinnsucht ausgerichtete Geschäfte, soweit sie dem öffentlichen Interesse nicht entsprechen, verhindern. Natürliche Ressourcen könnten auf diese Weise zum Nutzen der gesamten Volkswirtschaft genutzt und entwickelt werden.

Land ist eines der wichtigsten natürlichen Bodenschätze und sollte im öffentlichen Besitz bleiben. Das verhindert Spekulation, die sehr große Mengen Kapital binden, die andernfalls zur Produktion genutzt werden können. Hong Kong ist ein klassisches Beispiel. Wegen der übertrieben hohen Grundstückspreise sind viele Fabriken verkauft worden, anstatt sie für die Produktion zu nutzen. Resultierend aus den sehr hohen Preisen für Eigentum sind die Lebenshaltungskosten in Hong Kong eine der höchsten der Welt. Inzwischen ist Hong Kong ein ungünstiger Platz für Investitionen geworden. Es hat über 90 Prozent seiner Industrieanlagen an andere verloren. Momentan leidet Hong Kong an der höchsten Arbeitslosigkeit seit 1960. Übertriebene Spekulationen und kreditfinanzierte, aber nicht realisierte Gewinnerwartungen auf dem Grundstücks- und Wohnungsmarkt führten 1980 beginnend zur Insolvenz des gesamten Bankensystems und führten das Land in wirtschaftliche Rezession, die das gesamte Jahrzehnt von 1990 bis 2002, ohne Aussicht auf Erholung, angedauert hat. Eine andere negative Auswirkung der hohen Eigentumspreise ist es, dass es der Allgemeinheit kaum möglich ist, ein eigenes Haus zu besitzen oder so hohe Mieten zu bezahlen. Mitte der 90er Jahre erlebten die Vereinigten Staaten ihre Hochkonjunktur in der Technologieindustrie und einen damit einhergehenden außerordentlichen Börsenboom. Im so genannten Silicon Valley rund um die Bucht von San Francisco, lag der Preis für ein Haus der mittleren Kategorie Anfang der 80er Jahre bei ungefähr $ 40.000. In nur fünfzehn Jahren stieg der Preis auf $ 400.000, das 10fache! Der Preis für sehr komfortable Häuser in der unmittelbaren Nachtbarschaft kletterte sogar von einer halben Millionen hoch bis auf einige Millionen Dollar. Währenddessen die jährliche Inflationsrate nur ungefähr 3 Prozent betrug. Einem lokalen Zeitungsbericht zufolge waren im Herzen von Silicon Valley, im Bereich der Stadt San Jose, im Jahr 2000 ungefähr 20.000 Arbeiter und Angestellte obdachlos. Sie mussten bei Verwandten unterkommen, suchten Schutz bei Wohlfahrtsorganisationen oder lebten sogar auf öffentlichen Plätzen. Zur gleichen Zeit standen viele Häuser leer oder wurden zum Verkauf angeboten. San Francisco gab $ 50 Million zur Verschönerung ihrer berühmten Prachtstraße an der Bucht aus. Das erste, das Pendler und Touristen sehen, wenn sie durch das historische Fährgebäude treten, ist ein stetig wachsendes Zeltlager für Obdachlose. Ein Mann mittleren Alters sagte, dass er seit ungefähr sieben Monate im Park geschlafen und im letzten Monat beobachtet hätte, dass immer mehr Menschen den Park als ihre neue Bleibe ansehen *(San Francisco Chronicle, 1. Juni 2001).* Ist mit unserem Sozialsystem etwas falsch? Alles das ist ein Beweis dafür, dass unbegrenzter privater Landbesitz der Volkswirtschaft und dem Leben der Menschen schadet. Aber der Zweck des öffentlichen Besitztums ist es, den produktiven Gebrauch der Bodenschätze und Ressourcen zu fördern und zu sichern und die Grundbedürfnisse der Menschen zu befriedigen. Folglich sollte es eine gesetzliche Grundlage für die Überlassung von Land geben, mit der unbegrenzten privaten Besitzrechten entgegengewirkt werden kann. Im heutigen kommunistischen China, obgleich inzwischen Privateigentum und Privatunternehmen statthaft sind, wird Land immer noch im öffentlichen Besitz gehalten. Alle Unternehmen in China, die im Besitz von Hotels oder anderen kommerziell genutzten Gebäude sind, haben nur eine Grundmietzeit von ungefähr 20 Jahren. Nachdem die Überlassung abgelaufen ist, wird das betreffende Land mit seinen Grundstücken und Gebäuden der Allgemeinheit wieder zurückgegeben. Die Geschäftsleute erwerben nur dann Land, wenn ihnen die Grundstückserschließung einen möglichen Gewinn in Aussicht stellt und ihnen Anreize gibt zu investieren. Dies ist der Beweis dafür, dass Verstaatlichung von Grund und Boden nicht der Entwicklung des Geschäfts mit Land und Grundstücken entgegenstehen muss.

Die Überführung des Landbesitzes von Privatbesitz in das Eigentum der Allgemeinheit soll keine Beschlagnahme darstellen, sondern dazu dienen, ein neues Wirtschaftssystem zu etablieren. Das bereits entwickelte Land des Privateigentümers kann nicht verkauft werden. Wenn jemand sein Geschäft verkauft, muss die Regierung einen neuen Geschäftsherrn einsetzen, so dass der Vorbesitzer keinen Spekulationsgewinn aus der Veräußerung des Lands erzielen kann. Damit sollen Bodenspekulationen und auswuchernde Gewinnmitnahmen verhindert werden. Bei unentwickeltem Land jedoch sollen drei bis fünf Jahre Zeit gewährt werden, es zu erschließen. Anschließend ist es automatisch nicht länger im Eigentum der Allgemeinheit und die Regierung kann es an andere zur weiteren privaten Entwicklung vergeben. Diese Politik versucht, auch die Produktion zu fördern, indem sie es vermeidet, unnötig Kapital in Anlagen zu binden. Sie investiert weniger in die Produktion und stabilisiert dadurch die Produktionskosten. Vor allem wird diese Politik nicht als Vorwand benutzt, eine neue Herrenklasse/Oberschicht zu bilden, so wie die Kommunisten unter einem Vorwand den Privatbesitz in ihre Kontrolle brachten.

Ein Dach über dem Kopf zu haben ist ein wesentliches Grundbedürfnis aller Menschen. Die Regierung sollte Sozialwohnungen mit einer begrenzten Größe für Menschen mit niedrigen Einkommen zur Verfügung stellen. Sie sollten kostenlos Land bekommen, für das die Menschen nur wenig Pacht aufbringen müssten oder kleine Grundstücke zu einem niedrigen Mietzins erhalten. Wegen der wechselnden Einsatzgebiete der Arbeitnehmer unterliegen diese Häuser und Grundstücke nicht dem Prinzip von Kauf und Verkauf. Die Regierung sollte diese Art des freien

Wohnens nicht den Reichen für das luxuriöse Haus zur Verfügung stellen, das sowohl durch die Größe des Landes wie auch des Hauses und des Gebiets definiert ist. Sie sollten auf einer Auktion versteigert werden und einem entsprechenden Verfahren unterworfen werden

Der Bauer und der Bergmann sollten in den Genuss der günstigsten Pachtdauer von vierzig bis sechzig Jahren kommen. Es sollte ihnen erlaubt sein, die Mietsache an ihre Kinder weiterzugeben, wenn diese beabsichtigen, den Familienbetrieb fortzuführen. Der Grund und Boden in der Stadt, der für kommerzielle Zwecke genutzt würde, sollte für eine kürzere Periode von fünfundzwanzig bis fünfunddreißig Jahren zu mieten sein. In Wohngegenden mit hoher Bevölkerungsdichte sollten höhere Mieten gezahlt werden, damit sich kein Mietmonopol bilden kann, das hohe Preise für Waren und steigende Lebenskosten verursachen würde. Für den Eigenbedarf hingegen, zum Beispiel als Wohnsitz einen einzelnen oder eine Familie, würde eine verhältnismäßig kleine Miete erhoben werden und die Mietdauer sollte länger sein. Dadurch können auch Rechte an Familienangehörige weitergegeben werden. Sie können im selben Haus wohnen bleiben, ohne ihren Lebensstandard zu senken, nur weil das Oberhaupt der Familie stirbt. Wenn jemand das Haus verkaufen will, muss für das Grundstück eine neue Prämie entsprechend den vorherrschenden Grundstückspreisen gezahlt werden, die durch die Regierung zu dieser Zeit vorgegeben wird. Jedoch gilt das Besitzrecht für das Haus nur noch bis zur nächsten Generation. So soll der Kreis geschlossen und die Spekulation um das Eigentum verhindert werden. Das verpachtete Grundstück sowie das Gebäude gehören zum Schluss wieder der Allgemeinheit.

10

Wenn wir die heutige Wirtschaftsform des „Kapitalismus für den reichen Mann" in einen neuen „sozialen Kapitalismus" änderten, würden die natürlichen Ressourcen wie Land, Mineralien und Wälder der Allgemeinheit gehören. Und ungerechtfertigte Gewinne aus dem Privatbesitz von natürlichen Ressourcen würden beseitigt. Mit den Einkünften aus dem öffentlichen Besitz, wären Mittel vorhanden, mit denen die Regierung die wichtigen Produktionskosten kontrollieren kann. Nach Ablauf des Pachtvertrages übernimmt die Regierung wieder das Land. Wenn es sich um Unternehmen wie Hotels oder andere kommerziell geführte Gebäude handelt, sollte die Regierung die Miete für Privatunternehmen nicht erhöhen, sondern an den Anforderungen einer Geldpolitik ausrichten, auch um der Gefahr einer Inflation rechtzeitig zu begegnen.

Nur die Regierung kann höhere Einkünfte aus der Vermietung von Grundstücken und Gebäuden erzielen.

Da alle Unternehmen einen bestimmten Prozentsatz ihrer Aktien an ihre Mitarbeiter abgeben müssen, sind diese am Gewinn beteiligt. Alle Aktienoptionen des Unternehmens, die sie ihren Mitarbeitern geben, würden zu der Bildung einer neuen kapitalistischen Gesellschaft der Menschen führen. Diese neue Gesellschaft würde auf der Basis einer Produktion bestehen, die - anders als die derzeitigen Wohlfahrtsstaaten - für den Nutzen der Verbraucher bestimmt wird. Diese zwei unterschiedlichen Systeme haben unterschiedliche Auswirkungen auf die Wirtschaft und auf die Gesellschaft.

Obgleich im neuen sozialen Kapitalismus jeder Einwohner eine Aktienoption haben könnte, kann man nicht garantieren, dass alle Unternehmen erfolgreich sein würden. Die glücklosen Mitglieder der Gesellschaft würden weiterhin die Unterstützung durch ein Wohlfahrtsprogramm benötigen. Solche Programme sind notwendig. Jedoch haben viele Wohlfahrtsprogramme Schwachstellen, weil sie auch die nicht Arbeitswilligen unterstützen, die nur Leistungen beanspruchen wollen ohne arbeiten zu müssen. Diese Nachteile müssen beseitigt werden. Stattdessen sollten wir Umschulungsmaßnahmen zum Erwerb neuer technischer Fähigkeiten anbieten und Agenturen einrichten, die unter strenger Anweisung arbeiten. Wenn keine Arbeitsplätze vorhanden sind, stellen Länder mit beträchtlichen Landflächen oder unentwickeltem Land ein neues Programm zur Wiederbesiedelung auf. Diese Politik erweitert tatsächlich die Flächennutzung. Aber die Regierung sollte Sondermittel zur Verfügung stellen, um die notwendigen Nahrungsmittel und die Materialien für diese neuen Regelungen zum Aufbau ihrer eigenen Infrastruktur, wie Häuser, Dienstprogramme und Trainingszentren zu liefern. Aber alle Arbeiten müssen von den Mitgliedern selbst erledigt werden. Nach einer bestimmten Zeit, wenn es genügend Produkte zum Verkauf gibt, begannen die Siedler, einen zusätzlichen Prozentsatz ihrer Einnahmen an den Staat zur Begleichung der von der Regierung gewährten Vorauszahlung abzuführen. Dieses neue Programm zur Wiederbesiedelung kann als eine Ergänzung zum sozialen Kapitalismus angesehen werden. Es hebt auch eine neue Grundhaltung der Wirtschaftspolitik hervor, die die Menschen anregt zu arbeiten und nicht nur den sozialen Nutzen ohne Arbeitsleistung zu beanspruchen.

In einer neuen Gesellschaft, in der die Bürger Zugang zu den Aktienoptionen haben, gibt es auch eine Notwendigkeit, Darlehen für neue Technologien, die maschinelle Ausstattung zur Bewirtschaftung von Land und für die Produktion zu vergeben. Es würden auch Kredite zu günstigen Konditionen vergeben werden, um sich mit wesentlichen Rohstoffen versorgen zu können. So eine Volkswirtschaft, die auf kleinen und mittleren Unternehmen basierte, würde über bessere und wirkungsvollere Instrumente verfügen, um die Wettbewerbsfreiheit sicherzustellen.

In der Geschichte unserer sozialen Wirtschaft sehen wir einen stetigen Fortschritt und die Entwicklung vom Jagen, Fischen und der Bearbeitung des Ackerlandes bis hin zu einer Handelswirtschaft. Seit der industriellen Revolution haben die mechanische und elektrische Energie in der Produktion die körperliche Arbeit von Mensch und Tier ersetzt. Dank dieses wirtschaftlichen Fortschritts, hat sich auch unsere Art des Handelns geändert. In der Zeit des aufkommenden Handels gab es den Tauschhandel, in dem Waren gegen Waren getauscht wurden. Mit der Entwicklung des Handelsgeschäfts wurde ein Tauschmittel wie Silber und Gold für Verhandlungen benutzt. Aber jetzt, in einer Ära der Massenproduktion und des weltweiten Handels, sind diese kostbaren Metalle nicht mehr geeignet, das sehr große Volumen aller Handelsgeschäfte abzuwickeln. Diese Unzulänglichkeit führte zum Gebrauch des Papiergeldes und später zum bargeldlosen Zahlungsverkehr. Das finanzielle Kreditsystem hat einen bedeutenden Beitrag zur Entwicklung des Wirtschaftswachstums geleistet. Es hilft nicht nur dem Handel, sondern fördert auch die Produktion, denn es hat den Effekt zukünftigen Produktionseinkommens. Leider verwenden die Kapitalisten diese Gutschrift heute für eine Konzentration des Kapitals oder für eine Defizitfinanzierung der Regierung. In der neuen sozialen kapitalistischen Wirtschaftsregierung sollte die Geldpolitik der Regierung auf die Versorgung der Wirtschaftsbeteiligten mit Kapital und auf die Vergabe von zweckgebundenen Darlehen für die Produktion eingeschränkt werden. Das würde vor allem den kleinen und mittleren Unternehmen helfen, statt sich zu sehr auf eine Konzentration der Unternehmen oder die Schaffung von Arbeitsplätzen für Forderungen der Verbraucher zu fokussieren.

Es könnte auch die Befürchtung aufkommen, dass solch eine finanzielle Kreditpolitik die Inflationsgefahr erhöht und andere Arten von Wirtschaftsproblemen verursachen würde. Wenn die Finanzierung für produktive Tätigkeiten und nicht nur für Verbraucherzwecke verwendet und richtig reguliert wird, dann gleicht die höhere Produktivität die finanziellen Belastungen aus. Es ist eher wie das Begleichen von Ratenzahlungen, wenn man zukünftiges Einkommen als Vorauszahlung leiht, das später durch Waren oder Dienstleistungen erstattet wird. Diese produktive Geldpolitik sollte vorzugsweise produktive Tätigkeiten fördern. Wenn wir den Erfolg der japanischen Wirtschaft von 1960 bis 1980 analysieren, sehen wir, dass die Regierung die Banken ermutigte, Unternehmen mit hohen Schulden zu finanzieren, die für die Erforschung neuer Produkte oder für die Expansion des internationalen Exportgeschäfts aufgewendet werden. Wenn also die Öffentlichkeit alle nationalen Ressourcen besitzt, hat die Regierung beträchtliche Einkommensrücklagen für eine solide Geldpolitik und kann somit produktive Tätigkeiten fördern. Mit der Makrowirtschaftspolitik sollte es einfacher sein, die Herstellungskosten und Inflation zu stabilisieren, besonders, nachdem die Regierung das Eigentumsrecht der Ressourcen ändert und die Produktionskosten kontrolliert. Das japanische Wirtschaftswunder von 1960 bis 1990 und das schnelle koreanische Wirtschaftswachstum von 1970 bis 1980 waren Beispiele für den Erfolg der einfachen Geldpolitik der Regierung, obgleich eingeräumt werden muss, dass diese beiden Länder später eine Finanzkrise erlitten. Im Fall der japanischen Krise gaben die Banken zu viel Spielraum, der zu übermäßig hohen Eigentumsspekulationen verleitete. Im Fall von Korea hatte die Regierung keine Makrowirtschaftspolitik und lastete ihre Industriekapazität über Gebühr aus.

Eine sozialisierte kapitalistische Volkswirtschaft würde jedem Bürger ermöglichen, sich an den produktiven Tätigkeiten zu beteiligen und dementsprechend würde sich der Wohlstand verteilen. Die derzeitige Form des Kapitalismus erlaubt nur den Kapitaleignern, Geschäfte zu machen, weil sie ihr Vermögen einsetzen können, um finanzielle Unterstützung zu erhalten und ihr Geschäft zu erweitern. Dieses wirtschaftliche Phänomen hat eine Konzentration des Kapitals und der finanzkräftigen Unternehmen ergeben. Diese Tatsache hat zur Bildung von Monopolen geführt und das soziale Problem der Kluft zwischen Arm und Reich verursacht.

Die heutigen organisierten Kartelle sind die deutlichsten Monopole, wenn es auch viele andere kleinere Formen monopolistischer Organisationen gibt. Wenn wir die Statistiken der Automobilhersteller der Vereinigten Staaten vor 1930 studieren, sehen wir, dass es dort insgesamt ungefähr ein Dutzend Automobilhersteller gab. Später blieben jedoch nur drei große übrig. Dieses Beispiel zeigt, dass die kapitalistische Volkswirtschaft von heute zur Monopolbildung tendiert. Dieser Umstand ist einer der Faktoren, der zum Versagen der kapitalistischen Unternehmensfreiheit führte. Um dieses Phänomen zu vermeiden, sollte der neue soziale Kapitalismus eine Politik gegen starke und finanzkräftige Unternehmen aufstellen. Diese Politik stellt sich nicht gegen Massenproduktion, aber gegen den Einsatz finanzkräftiger Mittel, soweit sie zur Bildung von Monopolen in einer freien Marktwirtschaft eingesetzt werden. Jene finanzkräftigen Firmen können aufgrund ihrer außerordentlich großen

Produktion normalerweise nicht sehr flexibel auf den schwankenden Markt reagieren. In Zeiten der Hochkonjunktur versuchen sie hohe Gewinne mitzunehmen und ihre Kapazitäten zu vergrößern. Wenn das Gleichgewicht auf dem Markt gestört ist, ergeben schon geringe Nachfrageschwankungen ein Überangebot. Auch nehmen die Unternehmen hohe Bankkredite in Anspruch, um Phasen mangelnder Liquidität zu überbrücken. Damit kommen auch die Banken an ihre Grenzen, Kredite zu gewähren. Das führt zu finanziellen Schwierigkeiten. Heute liefert Südkorea uns ein Beispiel. Viele der finanzkräftigen Firmen Südkoreas haben auf ihrem Finanzsektor Probleme. Wir befürworten die vereinfachte Kreditvergabe, um die Aufnahme produktiver Tätigkeiten zu erleichtern, aber wir schränken auch die Kreditpolitik ein. Sie sollte nicht als ein Instrument benutzt werden, um kleine und mittelständische Unternehmen zu beseitigen und die finanzkräftigen Unternehmen zu fördern oder eine Kontrollinstitution im freien Markt aufzustellen. Momentan ziehen es die Banken vor, eher große Unternehmen zu finanzieren. Je mehr Vermögen das Unternehmen hat desto mehr genießt es finanziellen Service. Das ist einer der Hauptfaktoren, der zu einer Konzentration des Kapitals führt. Ein anderer Faktor ist das derzeitige Steuersystem der unbegrenzten Steuerbefreiung von Darlehenszinsen, das die Bildung von finanzkräftigen Unternehmen unterstützt. Das neue System würde die kleinen und mittelständischen Unternehmen unterstützen und ihnen Präferenzen für Darlehen geben. Den finanzkräftigen Unternehmen gegenüber, die ihre eigenen internen vorhandenen Mittel verwenden sollten, würde es eine deutlich restriktivere Darlehenpolitik vertreten. Wenn wir die Wirtschaft der Vereinigten Staaten studieren, stellen wir fest, dass sie die kapitalintensivsten Unternehmen der Welt haben. Gleichwohl beträgt der Anteil der kleinen und mittleren Unternehmen ungefähr 60 Prozent des Bruttosozialeinkommens und auch der Beschäftigungen. Wir können sehen, wie wichtig jene kleinen und mittleren Unternehmen in der gesamten Wirtschaft sind.

In der Zukunft müssen wir das derzeitige Bankensystem und die Börse reformieren. Heutzutage sind alle Banken und Börsen zu eifrig, Geschäfte zu machen und erweitern ständig ihre Tätigkeitsgebiete und ihr finanzielles Produktportfolio. Sie erfinden unzählige Arten von Darlehen und andere Finanzierungsinstrumente und Anlageformen wie Anlage der Gewinnspanne, Optionen, kollektive Hypotheken, gehobene Buy-out Finanzierung, Verkauf und Kauf von Indizes und Warentermingeschäften, um nur einige zu nennen. Alle diese finanziellen Derivative stimulieren und fördern die Spekulation anstatt die Investitionsbereitschaft anzuregen. Kürzlich begann 1994 die Hochkonjunktur der Wirtschaft der Vereinigten Staaten. Zu der Zeit wurden die PCs und das Internet po-

pulär. Dies führte zur Revolution der Informationstechnologie. Die
Nachfrage nach neuer Kapazität, neuen Produkten und schnellerer Ausrüstung war groß. Die technologische Herstellung war so groß, dass die
Nasdaq Börse (besteht überwiegend aus Hochtechnologiefirmen) fast
täglich stieg und jede Woche viele neue Aktien im Markt verzeichnet
wurden. Die Preise der neuen Aktien schossen in die Höhe und stiegen
schon am Eröffnungstag um das drei bis zehnfache. Weder verdienten
sie Geld noch verloren sie welches. Der Vorstand der Behörde der Bundesreserve der Vereinigten Staaten fürchtete sich so sehr vor dieser Art
der Spekulation, dass er versuchte, die Menschen zu warnen. Er wies
darauf hin, dass der Markt viel zu hoch bewertet sei und wieder steil
hinabfallen würde, aber er stieß auf taube Ohren. Die Behörde der Bundesreserve erhöhte den Zinssatz von November 1998 bis Mai 2000 fünf
Mal. Es hatte noch keine Auswirkungen auf dem steigenden Markt.
Dann, ab Ende 2000, verkündete eine Hochtechnologiefirma nach der
anderen, dass sie niedrige Einkünfte und einen hohen Warenbestand
und einige sogar sehr viele Schulden hätten. Zwischenzeitlich ist dieser
Markt völlig in die Knie gegangen. Der Vorstand der Behörde der Bundesreserve änderte seine Politik und senkte den Zinssatz in 2001 elf Mal.
Aber, wie üblich, befanden sich die Volkswirtschaft sowie der Markt
noch im Abschwung. Dies beweist, dass die Geldpolitik nicht das leistet,
was die Menschen sich von ihr erhoffen; es kann eine wundersame
Macht sein, die wirtschaftliche Lage zu steuern, aber die Wirtschaft hat
ihre eigenen Naturgesetze und niemand kann von außen künstlich eingreifen und gute Ergebnisse erzwingen. Was wir tun können, ist, die
Struktur entsprechend den neuen Produktionsbedingungen zu verbessern. Aber Spekulation und Monopole können den Menschen sowie der
Wirtschaft im Allgemeinen sehr schaden.

Das spekulative Handeln ist der wirtschaftlichen Entwicklung extrem
abträglich, es ist unproduktiv und verursacht große und unvorhersehba-
re Marktschwankungen, die zu falschen Signalen der realen Wirt-
schaftslage führen, die schließlich in Finanzkrisen enden und einstürzen.
Die große Depression der späten zwanziger Jahre, die japanischen Wirtschaftsprobleme von 1990, die asiatischen Finanzkrisen von 1997 bis 1999
und der beinahe Einsturz des langfristiges Kapitalmanagements sind
deutliche Beispiele. Aus diesem Grund sollte Spekulation klar eingeschränkt bzw. vorzugsweise untersagt.

Im neuen sozialen Kapitalismus sollte das Bankensystem nicht einer einzelnen Politik folgen, die Umsatz und Rendite der großen Firmen noch
mehr steigert. Vielmehr sollten die Kreditinstitute den Rechten der Menschen größere Aufmerksamkeit schenken, Kapital anzusammeln und

kleine und mittlere Firmen unterstützen und ihnen den Zugang zu den Kapitalmärkten erleichtern, damit sie sich in der Produktion engagieren können.

11

In der Verantwortung der Regierung sollte es liegen, die wirtschaftlichen Grundprinzipien der freien Marktwirtschaft zu etablieren und aufrechtzuerhalten und nicht in einem Netz von Spekulation oder monopolistischem Kapitalismus verstrickt zu werden. Es sollten Gesetze gegen die Spekulation erlassen und spekulative Tätigkeiten hoch besteuert bzw. sogar untersagt werden. Wir würden die Vergabe von Hypotheken für zuviel Bildung von Eigentum in wenigen Händen, übermäßige Aktienreserven einstellen, weil die meisten dieser finanziellen Abkommen nur zu Spekulationszwecken benutzt werden und nicht nur unproduktiv, sondern sogar der Entwicklung der Wirtschaft abträglich sind. Eine Beschränkung der Finanzierung von konzentriertem Kapital würde helfen, den unerwünschten Druck des Überangebots und Monopolbildungen zu verhindern.

Obgleich wir nicht mehr die frühere kapitalistische laissez faire Politik haben können, würde das begrenzte Eingreifen der Regierungspolitik in die Wirtschaft positiv sein, soweit die Produktion unterstützt wird, nicht aber die passive Intervention. Am Anfang und während der Übergangsphase würden die Entwicklungsländer wirtschaftlich nur langsam Fortschritte machen. Es würde einen Mangel an bestimmten Waren, Dienstleistungen, Grundstoffen, Maschinen, erfahrenen Mitarbeitern, Ingenieuren und Führungskräften geben. Deshalb benötigen wir einen Plan, um Richtlinien für ein komplettes Entwicklungsprogramm zu erstellen, das in verschiedene Phasen zu unterteilen ist. Diese Planung würde zunächst die wesentlichen Bedürfnisse decken bis später auch nachrangige und luxuriöse Artikel hinzukämen. Auf diese Weise würden wir die übertriebene Nachfrage nach bestimmten Waren und unnötige Lieferengpässe vermeiden, die zu noch größerer Nachfrage führen würden und inflatorischen Tendenzen Vorschub leisten könnten. Wesentliche öffentliche Dienstleistungsprogramme und sonstige Bedürfnisse, die nicht durch Schemata des privaten Unternehmertums abgedeckt werden können, wie z. B. in den Bereichen Energieversorgung, Verkehrswesen, Kommunikation und sozialer Wohnungsbau, sollten von der Regierung durch Staatsanleihen oder durch Joint Ventures mit privaten Anlegern vorangetrieben werden. So lange wie die wesentlichen Bedürfnisse der Menschen erfüllt werden, können noch hohe Lebensstandards erzielt werden. In den entwickelten Ländern, in denen das Bevölkerungswachstum zusätzlichen Druck auf die Wirtschaft ausübt, sollte es eine Familienplanung geben. Um diese Planung durch ihre unterschiedlichen Entwicklungsstadien zu führen, sollten wir kein starres Steuerungssystem benutzen, wie es die Kommunisten taten. Wir können die Geldpolitik für eine wirtschaftliche Makroentwicklung zur Steigerung oder Senkung des Geld- und Kreditangebots verwenden. Ebenso erhöht oder senkt die Politik das Angebot der Ressourcen, um die Wachstumsrate anzupassen.

Häufig schenkt die Industrialisierung der Landwirtschaft nur wenig oder keine Aufmerksamkeit. Dieser Umstand verursacht die Einkommenskluft zwischen den Menschen in der Stadt und auf dem Land. Die Armen auf dem Land können es sich oft nicht leisten, Konsumgüter in ausreichenden Mengen zu erwerben. Das verursacht ein Wirtschaftsproblem. Die Modernisierung sollte nicht nur auf den Herstellungssektor begrenzt werden, sondern sollte auch den landwirtschaftlichen Sektor mit einschließen. Besonders in den unterentwickelten Ländern sollte die Modernisierung der Landwirtschaft höchste Priorität haben, weil in jenen Ländern die Mehrheit der Bevölkerung in der Landwirtschaft tätig ist und die Menschen noch überwiegend sehr einfache Bewirtschaftungsmethoden anwenden. Sie haben kaum kultivierten Ackerboden und betreiben so gut wie keine Forschung zur Herstellung besserer Samen oder neuer Pflanzenarten. Folglich müssen wir die Landwirtschaft modernisieren. Es sollte ihre Produktivität erhöht und eine größere Produktvielfalt hergestellt werden, um Kaufkraft und eine Steigerung des Lebensstandards der in der Landwirtschaft tätigen Menschen zu erreichen. Ohne diese Maßnahmen ist es kaum möglich, über eine florierende Industrie zu verfügen. Aus diesem Grund ist es besonders wichtig, die Situation der Entwicklungsländer durchgreifend zu verbessern.

12

In der Gegenwart verwaltet eine politisch mächtige Regierung die kapitalistische Volkswirtschaft, so dass die Politik die Wirtschaft kontrolliert. Obwohl die Regierung demokratisch sein sollte, sind politische und wirtschaftliche Interessen nicht immer in Einklang zu bringen. Wie bereits erwähnt, können zu tief greifende politische Richtlinien Wirtschaftsprobleme bereiten. Die Trennung der wirtschaftlichen Angelegenheiten von denen der Politik mit zwei unterschiedlichen und unabhängigen Regierungsabteilungen würde sinnvoll erscheinen. Diesen Sachverhalt beleuchten wir später noch einmal näher.

Da sich die Gesellschaft weiter entwickelt, ändern sich auch die wirtschaftlichen Rahmenbedingungen ständig. In der Vergangenheit gab es eine eigenständige Landwirtschaft, in der die Haupttätigkeit das Bewirtschaften von Ackerland war. Was zu dieser Zeit vorwiegend benötigt wurde, war gutes Wetter für die Ernte, der Schutz des Privatbesitzes und die Verteidigung vor Eingriffen von außen. Was am wenigsten benötigt wurde, waren Steuerabgaben und reglementierende gesetzliche Pflichten. Das soziale Leben und die Bedürfnisse der Menschen waren einfach. Es wurde nur wenig Wissen verlangt, die öffentliche Hand stellte keine Schulen zur Verfügung. Das Verhältnis der Menschen zum Staat war nicht besonders ausgeprägt. Ausnahmen bildeten nur Maßnahmen zur Bewässerung des Landes und zur Verhinderung von Überschwemmungen. Es gab kaum soziale Klassenkonflikte, weil es keine wirtschaftlich unterschiedlichen Interessengruppen gab, sondern nur Unterschiede im politischen Status. Die Interessen der Administration und die der einzelnen Menschen lagen weit auseinander. Medizinische Betreuung, Wissenschaft und technologische Entwicklung war so gut wie nicht vorhanden. Auch wurden keine öffentlichen Dienstleistungen beansprucht. Es gab nur wenige Komplikationen zwischen den verschiedenen Handelssektoren. Zu der Zeit, als eine Landwirtschaft von einem Menschen betrieben wurde, war eher der Mangel an Arbeitskräften und nicht der Mangel an Arbeitsplätzen ein Problem. Das war eine einfache Volkswirtschaft in einer einfachen Gesellschaft. Die Landwirtschaft war alleinige Grundlage der Gesellschaft und die politische Regierung wurde nur auf dieser Grundlage errichtet. Seit der industriellen Revolution haben Mechanik und Elektrizität die menschliche Arbeitskraft teilweise ersetzt. Dadurch wurde der Bedarf an in der Landwirtschaft tätigen Arbeitern geringer. Mit der industriellen Entwicklung und der Bevölkerungsexplosion im 19. Jahrhundert verließen die Menschen die Dörfer und zogen das Leben in sehr großen Wohnbereichen vor. Das Leben der modernen Gesellschaft konzentrierte sich fortan vornehmlich in den Städten. Das Leben in einer großen Stadt ist ganz anders als das Leben auf dem Land. Mit dieser Änderung der Produktionsstruktur und des Lebensstils wurde das Zusammenleben in der Gesellschaft, die zunehmend mit sozialen Problemen belastet wurde, schwieriger. Alle Menschen und alle Handelsbereiche waren mit der neuen Industrie und der Massenproduktion eng verbunden. Große Teile der Arbeiterschaft waren in den Fabriken konzentriert. Der Grad der Teilung der Arbeit und Produktion nahm ständig zu. Das hatte soziale Auswirkungen und führte zu Kettenreaktionen. Das neue industrielle und immer komplizierter werdende Leben brachte eine komplette Umstellung der Landwirtschaft mit sich. Obgleich sich heute die Natur der Gesellschaft verändert hat, behält die Regierung noch das gleiche „unitarische" System der politischen Machtausübung bei. Es kann keine soziale Institution so leistungsfähig sein, dass sie kompetent genug ist, die oft geänderten und komplizierten sozialen Angelegenheiten zu regeln. In den frühen Tagen der kapitalistischen Gesellschaft gab es noch keine Arbeitsrechte, Gesetze gegen Wettbewerbsbeschränkungen und gegen illegale Tätigkeiten, etc. Wir glauben, dass die wirtschaftlichen Rezessionszyklen aus dieser Wirtschaftsstruktur entstehen. Nach der großen Depression von 1929 versuchte die Regierung, diese Fehler abzustellen. Die Regierung erließ Regelungen zum Schutz der Arbeit, erhöhte die Steuern und schaffte viele weitere Regularien. Später wurden Keynes Finanztheorie und seine Philosophie der Wohlfahrtsstaaten eingeführt. Aber alle diese politischen Richtlinien bewegen sich in die falsche Richtung. Dadurch ergibt sich ein anderes Problem: hohe Herstellungskosten und hohe Preise für Güter. Die politische Macht wurde wegen des überholten „unitarischen" Regierungssystems zunehmend in soziale Angelegenheiten involviert. Dieser Umstand schaffte eher noch mehr Probleme als das er sie löste. Diese Probleme bezogen sich auf die allgemeine Profitgläubigkeit, hohe Kosten für Investitionen und Arbeit und eine allgemeine Feindseligkeit der Gewerkschaften und Regierungsmitglieder gegenüber jeder Form von Privatwirtschaft. Die frühe Form der freien Marktwirtschaft ändert sich jetzt immer mehr zu einer Wirtschaft, in der die Regierung die Volkswirtschaft reguliert. Aufgrund des Wahlsystems kommt es immer häufiger vor, dass Politiker auch ohne Fachkenntnisse über Markt- und Volkswirtschaft gegenüber den Massen Versprechungen geben, um wieder gewählt zu werden. Das zerstört die Grundlage der Volkswirtschaft und führt zu immer höheren Produktionskosten. Dadurch wiederum wird der schleichenden Inflation Vorschub geleistet. Inflation aber muss als das schwerste Wirtschaftsproblem angesehen werden. Wir können sagen, dass die wirtschaftlichen Rezessionszyklen der neuen Zeit und Inflation das Ergebnis dieser von der Regierung schlecht geführten Wirtschaft waren. Daraufhin haben sich alle kapitalistischen Volkswirtschaften zur Hauptaufgabe gemacht, die Inflation zu bekämpfen, jedoch ohne sichtbaren Erfolg. Wir müssen verstehen, dass das erforderliche Kapital für die wirtschaftliche Entwicklung nur von kompetenten Geldgebern aufgebracht werden kann. Geld kann als Mittel dienen, wirtschaftliche Tätigkeiten zu erleichtern und ein vorteilhaftes Investitionsklima zu schaffen, sollte aber nicht als Instrument benutzt werden, um Inflation zu kontrollieren. Für die Wirtschaftentwicklung selbst gibt es die natürlichen Gesetze des freien Marktes, die ständig beobachtet werden müssen. Ein anderes wichtiges Gesetz der freien Marktwirtschaft ist es, das Gleichgewicht zwischen Angebot und Nachfrage zu erreichen. Heute muss die Regierungspolitik die wesentlichen menschlichen Bedürfnisse des wirtschaftlichen Fortschritts überwachen. Wir sollten weder Überangebot noch Mangel zulassen. Die Wirtschaftspolitik sollte Angebot und Nachfrage voraussehen und die entsprechenden Maßnahmen ergreifen. Wenn man eine Stadt oder einen Staat verwaltet, sollte man die Bevölkerungsentwicklung und das industrielle Wachstum eingehend prüfen und wesentlichen Dienstleistungen, wie z. B. die Förderung des Wohnungsbaus, Verkehrswesen, Schulen, Gesundheitswesen, Umweltschutz, Energie, Versorgung zur Verfügung stellen. Wenn es Anzeichen für ein Überangebot gibt, sollte die Regierung das Angebot reduzieren, indem sie die Finanzierung ihrer Expansion drosselt oder sogar stoppt. Wenn es auf der anderen Seite jedoch einen Mangel gibt, sollte der Staat reagieren, indem er vorteilhaftere Bedingungen für die Wirtschaftsentwicklung schafft. Diese hemmenden oder fördernden Maßnahmen müssen eingeleitet werden, bevor und nicht nachdem der entsprechende Zustand erreicht ist. Das entspricht dem Unterschied der schwankenden Zinspolitik. Wenn Maßnahmen ergriffen werden, nachdem die Probleme entstanden sind, ist der Erfolg der Bemühungen oft sehr begrenzt. Wir studieren die Geschichte und stellen fest, dass diese Politik auf diese Weise noch nie erfolgreich war. Heute ist es die wichtigste Wirtschaftspolitik der Regierung, die produktiven Tätigkeiten zu überwachen und eine bestimmte Produktion zu fördern oder zu drosseln. Nehmen wir den Immobilienmarkt von Hong Kong als Beispiel. 1994 stiegen die Eigentumspreise und die Finanzbehörde der Regierung von Hong Kong bat die Banken, die Raten für Hypotheken von 90 Prozent auf 70 Prozent des Werts zu senken. Wegen dieser Politik sanken die Eigentumspreise. Nach zwei Jahren 1996 jedoch stiegen sie wieder an. Dieses Mal ergriff die Regierung keine Maßnahmen. Die Preise schossen so stark in die Höhe, dass die Eigentumsrendite nicht die Hypothekenzinsen der Bank decken konnte. Das führte dazu, dass der Preis um die Hälfte sank. Diese Situation wiederum war einer der Hauptgründe für die Finanzkrise von 1997. Sogar heute haben viele Banken noch hohe Schulden. Jetzt muss die Regierung von Hong Kong das Angebot an Häusern zu niedrigen Preisen drosseln oder einstellen, damit die hohen Preise für Eigentum zum Schutz der Kreditgeber vor Insolvenzen gehalten werden können. Diese Politik macht Hong Kong zu einem uninteressanten Ort für Investitionen. Hong Kong trat seinen Rang als Zentrum des Wettbewerbs an andere Städte ab. In den Vereinigten Staaten hat die hoch entwickelte Industrie viele Firmen zurückgelassen, die trotz Börsennotierung keine Gewinne verzeichnen konnten, die nicht in den Genuss der allgemeinen Förderung kamen und die aufgrund staatlich gelenkter Förderung des Überangebots Opfer von Spekulantentum wurden. Als die Nachfrage nach hoch technologischen Produkten nachließ und es zum Börsenkrach kam, fiel der Nasdaq Index von 5000 auf ungefähr 2000 Punkte. Damit wurde die Volkswirtschaft ein großes Problem. Die japanische Volkswirtschaft verlangsamt sich seit 1990 mit dem niedrigsten Zinssatz von ungefähr 1 Prozent. Bis 2002 gab es noch keine Anzeichen für eine Erholung. In den Vereinigten Staaten hat der Vorstand der Behörde der Bundesreserve von 1998 bis 2001, wie bereits erwähnt, die Zinssätze innerhalb einer kurzen Periode sehr oft erhöht oder gesenkt. Sie erreichte das gewünschte Ziel nicht. Aber wenn Inflation nicht kontrolliert werden kann und es zur Bekämpfung der Inflation nur zur Erhöhung der Zinssätze kommt, dann konkurrieren Inflation und Zinssatz miteinander. Je mehr der Zinssatz steigt desto heftiger wird die Inflation. Die Vereinigten Staaten erlebten diesen Zustand zu Anfang der achtziger Jahre des vergangenen Jahrhunderts, während Präsident Carters Amtszeit. Damals stieg der Zinssatz auf eine historische Höhe von über 20 Prozent, gleichwohl kam es nicht zur Inflation. Jetzt erleben noch fast alle südamerikanischen Länder dieses Phänomen. Wenn wir die Ursache der Inflation suchen, wird sie entweder durch hohe Herstellungskosten, niedrige Produktivität oder missverstandenen Altruismus der heutigen „unitarischen" Regierungsgewalt ausgelöst.

13

Die Menschen sind nicht nur Geschöpfe, sondern auch Lebewesen, intelligent und ehrgeizig. Unser Leben muss eine Bedeutung haben und unsere produktive Arbeit muss bestimmte Bedürfnisse erfüllen. Eine freie Gesellschaft kann ihren Bürgern individuelle Rechte und Freiheit zugestehen. In einem totalitären Staat hingegen gibt es für den Bürger nur Pflichten, aber keine individuellen Rechte. Der Einzelne kann in der Gesellschaft nur glücklich leben, wenn er sich seines Wertes und seiner Bedeutung bewusst ist. Viele Menschen bemängeln die derzeitigen wirtschaftlichen und sozialen Probleme, die dieser Individualismus mit sich bringt, besonders deswegen, weil der Privatbesitz eine unfaire Verteilung von Volkseinkommen darstellt. Sozialisten und Kommunisten befürworten gleichermaßen einen bestimmten Grad der Wiederverteilung des Volkseinkommens. Alle staatlich gelenkten Industriezweige arbeiten ineffizient und sind kostenintensiv. Viele Menschen denken, dass diese Industriezweige für die öffentlichen Geldbeutel eher eine Belastung als von großem Nutzen sind. Das liegt an der irrtümlichen Theorie, die das Grundprinzip der Volkswirtschaft auf den Kopf stellt.

Die Reformen in Staat und Gesellschaft müssen den tatsächlichen Gegebenheiten in Politik und Wirtschaft zu der jeweiligen Zeit und in einem bestimmten Zustand entsprechen. Sie müssen ein hohes Maß an Intelligenz und Verständnis für die sozialen Grundregeln beinhalten und praktikabel und logisch sein. Nur auf diese Weise können wir unsere Wünsche nach einer idealen Gesellschaft, die nicht nur ein illusorischer utopischer Traum ist, zukünftig verwirklichen. Wir müssen politische Richtlinien vermeiden, die nur kurzfristigen Interessen dienen und die Suche nach dauerhaften Ergebnissen behindern. Der Soziale Kapitalismus bietet eine grundlegende Verbesserung der heutigen Gesellschaft, indem er unsere jetzige veraltete und in vielen Belangen nicht mehr sinnige Sozialstruktur vollständig ändert. Wir befürworten ein auf Zusammenarbeit und Einvernehmen angelegtes Verhältnis im Produktionsprozess. Das soziale System muss mit neuem Schwung erfüllt werden. Um erfolgreich zu sein, müssen wir zuerst alle möglichen Hindernisse durch bessere soziale Verhältnisse beseitigen. Wenn alle Hindernisse, die der Produktionsentwicklung entgegenstehen, überwunden sind, wird sichtbar, dass alle Beteiligten für die optimale Ausnutzung der natürlichen Ressourcen zusammenarbeiten. Die Produktion würde sich dann schnell erhöhen. Wir wissen, dass der Wohlstand einer Nation durch die Initiative, die Energie und den Erfindungsreichtum Einzelner, die Vertrauen zum wirtschaftlichen und sozialen Fortschritt in sich tragen, verursacht wird. Folglich können wir die individuellen Rechte und die Freiheit nicht begrenzen, wenn wir eine wohlhabende Gesellschaft schaffen wollen. Die Kommunisten beschreiben ihre Staaten als eine üppige Gesellschaft, in der die Bedürfnisse aller Bürger erfüllt werden. Das ist nur eine utopische Illusion. Im totalitären Staat hat der einzelne Mensch keinen hohen Wert. Nur als Produktionsmittel ist er wertvoll. Welche Bemühungen die Menschen auch anstellen, sie haben keine Rechte. Jetzt möchten wir wissen, wofür steht Produktion? Wurden wir auf diesen Planeten gesetzt, um für die Interessen anderer Menschen zu arbeiten? Oder sollte unsere Arbeit für das öffentliche Interesse und zu unserer Zufriedenheit verrichtet werden? Sind wir die Subjekte der Gesellschaft? Dient die Gesellschaft unseren Maßstäben? Wenn wir die Antwort zu diesen Fragen fänden, könnten sie uns helfen, klarere Inhalte für soziale Ideen und Neuerungen zu finden und uns erlauben, unsere ideale Gesellschaft der Zukunft zu planen.

Obgleich der Kommunismus versagt hat, ist unser Kapitalismus der Neuzeit auch nicht die ultima ratio. Wir sollten ein neues soziales und wirtschaftliches System finden, das sich eher im Einklang mit unseren menschlichen Ideen und Bedürfnissen befindet, ohne die menschliche Initiative und den Unternehmungsgeist mit seiner Leistungsfähigkeit zu untergraben.

IV

Nation und Politik

1

Menschen benötigen Grundregeln, wenn sie in einer Gesellschaft leben sollen. In den früheren Gesellschaften hatten einzelne Menschen keine besonderen Rechte, waren aber aus sozialer Sicht von der Gesellschaft abhängig. Obwohl auch heute schon die Rechte und die Freiheit des Einzelnen im demokratischen System entwickelt worden sind, müssen wir nach wie vor in einem sozialen Umfeld leben, ohne das wir außerhalb von Recht und Ordnung zubringen müssten. Die Gesellschaft entwickelte allmählich ein politisches System mit dem Ziel, die kollektive soziale Ordnung zu erhalten und die Ideen seiner Mitglieder zu verfolgen.

Nach unserem politischen Grundverständnis haben die Rechte und Ideen der Menschen einen hohen Stellenwert, soweit sie dazu beitragen, die Bedingungen der Gesellschaft zu verbessern. Eine Verfassung ist dazu bestimmt, eine Nation durch eine Regierung zu vertreten. Die Art der Verfassung wird durch das Volk bestimmt. Um unterschiedliche Ideen und Bedingungen durchzusetzen, kann das soziale Leben einer Nation und ihrer Regierung durch den Volkswillen verändert werden. Die Menschen sind fähig, eigene Ideen zu entwickeln, so dass die menschliche Gesellschaft einzigartig ist. In den Ameisen- und Bienenvölkern existieren die Individuen nur, um ihre von der Natur vorgesehene Funktion zu erfüllen. In der Geschichte der Menschheit sind die Menschen nicht gleich geboren, wie die demokratische Theorie es behauptet. Die Menschen können ihre Bestimmung in der sozialen Verfassung wieder erkennen. Z. B. arbeiteten frühere Institutionen hauptsächlich auf sozialer Basis. Als die Gesellschaft sich weiterentwickelte, verwendeten die Menschen ihre eigenen Ideen und Ziele, um diese ursprünglichen Institutionen zu ändern und ihre eigenen Vorstellungen durchzusetzen.

Am Anfang wurde das Strafrecht eingeführt, um Rache für Verbrechen zu nehmen. Später wurde dem Strafrecht eine neue Zielrichtung zugrunde gelegt, die Kriminellen zu resozialisieren. So werden mit den sozialen Institutionen der Menschen bestimmte Ziele verfolgt. Insoweit unterscheidet sich die menschliche Gesellschaft von der Tierwelt.

2

Wir lernen aus der Geschichte, dass sich das Leben der Menschen von ursprünglich sehr einfachen Formen hin zum kollektiven Leben entwickelte, das kompliziert und vielschichtig wurde. Die frühen Stadien der kollektiven Lebensform basierten auf der Blutsverwandtschaft, der Sippe oder dem Stamm. Vor langer Zeit waren ein einzelner Stamm oder mehrere Stämme es gewohnt, zu wandern und Nahrung zu suchen. Dadurch haben sie ständig ihren Aufenthaltsort zugunsten neuer Jagdgründe gewechselt. Infolgedessen waren Konflikte unter Stämmen üblich, um ihre eigenen Interessen zu verteidigen. Anfangs wurde der Unterlegene vom Sieger einfach getötet, weil Überleben dem Konflikt um Leben oder Tod widersprach. Später, als der Mensch sich weiterentwickelte und lernte, wie man einen eigenen Vorrat anlegt und Felder kultiviert und Getreide anbaut, wurde menschliche Arbeitskraft nützlich und wertvoll. Anstatt die Verlierer zu töten, fingen die Sieger deshalb an, Gefangene zu nehmen und sie als menschliche Arbeitskraft zu versklaven. So wurden die Verlierer zu Sklaven der Sieger. Dieser Zustand konnte nur durch Gewalt erreicht und erhalten werden. Diese Situation führte zur Errichtung einer besonderen Ordnung, die das Recht und das Privileg des Meisters und der Sklaven eindeutig definierte. Inzwischen mussten sich die Menschen gegen Invasion oder Angriffe schützen und dachten darüber nach, wie sie das Gebiet ihres eigenen Lebensbereichs erweitern könnten. So entstanden Politik und die Bildung eines Staates.

Grundlegende soziale Institutionen sind wichtig, wenn wir eine bestimmte soziale Ordnung aufrechterhalten möchten. In den Feudalzeiten waren der Landadel und seine Diener zwei ungleiche Klassen, obgleich es das Sklavensystem nicht mehr gab. Zu dieser Zeit gab die Gesellschaftsstruktur dem Adel die gesamte Macht und alle Privilegien. Der Adel hatte unbeschränkt Gewalt über die dienende Klasse. Mit der industriellen Revolution wurde der soziale Status des Adels allmählich abgebaut und das gewöhnliche Volk spielte nach und nach eine wichtigere Rolle im sozialen Leben. Diese gesellschaftliche Veränderung führte schließlich zum Ausbruch der demokratischen politischen Revolution des 18. Jahrhunderts. Die Französische Revolution war der Höhepunkt dieser Bewegung, aus der der bekannte Spruch „lieber tot als ein Leben ohne Freiheit" stammt. Politische Freiheitsträume nahmen einen großen Raum im Stellenwert der Menschen in allen europäischen Ländern und später auch weltweit ein. Heutzutage sind die meisten Staaten in der Welt entweder eine Republik oder konstitutionelle Monarchien mit einem parlamentarischen System geworden. Die Grundregel der Demokratie basiert auf dem Konzept, dass alle Menschen gleich sind und dass ein Staatswesen auf der Grundlage des „Gesellschaftsvertrages" seiner Bevölkerung regiert werden sollte. Jedoch wird eine Nation am Anfang nicht wirklich auf diese Art gebildet. Aber diese Grundregel der Demokratie sollte das Grundprinzip der heutigen Gesellschaft sein. Die Ideen der Freiheit, der Brüderlichkeit und der Gleichheit für alle Menschen innerhalb einer Nation werden in einer Verfassung niedergeschrieben, die jedem Einzelnen diese Rechte garantiert. Resultierend aus der demokratischen Politik und dem Nutzen einer Wirtschaftsindustrie, die die Arbeitsteilung sowie den Handel hervorbrachte, fingen die Menschen an, sich den Wert des Individuums im Leben bewusst zu machen. Wir können den Anfang dieses Individualismus zurückverfolgen bis zum 15. Jahrhundert, zur so genannten „Renaissance" nach dem Fall der autokratischen Macht der Geistlichen. In dieser Periode bis zum 17. Jahrhundert blühten die Kunst und die Wissenschaften, als der internationale Handel begann, sich zu entwickeln. Die Bevölkerung engagierte sich im großen Umfang in allen Bereichen des Wirtschaftslebens und erzielte große Gewinne, die wiederum die Betrachtung der Persönlichkeitsrechte und der Freiheit ernsthaft anregte. Seit damals hat sich das soziale Leben in der einfachen Landwirtschaft der alten Zeiten völlig geändert. Diese Änderungen erforderten unterschiedliche politische Systeme, denn wenn alle gewöhnlichen Menschen noch von einer absoluten Macht abhingen, würde das den Effekt haben, die Entwicklung der Unternehmensfreiheit zu blockieren. So gab ein neues politisches System, das auf Individualismus basiert, jedem Einzelnen die Freiheit, für seine eigenen Interessen zu arbeiten, das Recht auf Besitz zu haben, und so Wohlstand für die gesamte Nation zu bilden.

Die Einführung von Persönlichkeitsrechten und Freiheit erhöhte den Wert des Einzelnen und befreite die gewöhnlichen Menschen von ihrer ehemaligen Abhängigkeit vom autokratischen Staat. Die Menschen verließen ihre primitive Welt und fingen an, ihre eigenen Interessen zu verwirklichen und ihr Selbstbewusstsein aufzubauen. Diese großen sozialen Änderungen führten zu raschem Fortschritt, denn es wurden die kreativen Bemühungen aller Menschen angeregt. Das führte zur Entwicklung einer neuen Ära, die den heutigen Wohlstand, das Blühen der Künste und Wissenschaften und die Entwicklung des Handels und der

Industrie ermöglicht. Jedoch verursachte der moderne Individualismus auch neue Probleme, wie die immer größer werdende Kluft zwischen Arm und Reich. Die Reichen wurden noch reicher, während die Massen der Arbeiter ärmer und, trotz ihrer politischen Rechte, kraftloser wurden. Es wurde deutlich, dass unter diesen Umständen die demokratische Grundregel, dass jeder vor dem Gesetz gleich sei, nur eine Illusion ist. Das ist der Kardinalfehler der heutigen Demokratie.

3

Der Grund für das Versagen der heutigen Demokratie hat systemimmanente Gründe. Unsere Vorfahren dachten, dass eine Verfassung, die für die Rechte des Einzelnen, freie Wahlen und eine unabhängige Justiz sorgt, ausreichen würde, um die Freiheit des Einzelnen sicherzustellen. Aber tatsächlich verursachten die unterschiedlichen Lebensumstände der Menschen das Ungleichgewicht im sozialen Status. Wenn jemand unwissend ist, wie kann er seine politischen Rechte wahrnehmen? Ähnlich ergeht es nicht so gut gestellten Menschen, wenn es z. B. darum geht, den Schutz der Gerichte in Anspruch zu nehmen, das aber nicht ohne teure Anwälte möglich ist. Wenn man sein individuelles Recht einfordern möchte, muss man die notwendigen Mittel besitzen, die sein Anliegen durchzusetzen. Man muss über genügend Geld verfügen, um nicht von der Arbeit erdrückt zu werden, weil man suggeriert bekommt, man müsse zur Aufrechterhaltung des Lebensstandards Tag und Nacht arbeiten. Alle Menschen müssen die gleiche Chance auf Bildung bekommen, damit sie intellektuell miteinander konkurrieren können. Vor allem darf es von außen keinen Eingriff in ihre Freiheit geben, damit alle Menschen ihre Rechte in Anspruch nehmen können und eine Chance bekommen, einen gewissen Wohlstand zu erreichen. Ohne Garantie auf diese grundlegenden Persönlichkeitsrechte sind alle politischen Rechte Makulatur.

Die Demokratie basiert auf dem Konzept der Freiheit. Eine Gesellschaft von Menschen unterscheidet sich von der Ordnung in der Natur dadurch, dass in der Natur das Prinzip des „Überlebens der Stärksten" die wichtigste Grundregel darstellt. Die Gesellschaft sollte die Rahmenbedingungen für jeden Einzelnen aufstellen, damit er seine Rechte durchsetzen und seine Freiheit behalten. Nur so kann jeder Mensch unabhängig und selbstbewusst sein. Jeder Mensch muss die Gelegenheit haben, für sein eigenes Wohl und auch zugunsten der gesamten Gesellschaft zu arbeiten. Die Grundrechte der Menschen können wie folgt zusammengefasst werden:

1. Das Recht auf Leben und auf Lebensunterhalt. In unserer heutigen Gesellschaft, in der Arbeits- und Produktionsprozesse getrennt sind, sind die Menschen voneinander abhängig. Aus diesem Grund ist die Volkswirtschaft dafür verantwortlich, den Lebensunterhalt für ihre Bürger zur Verfügung zu stellen. Als ein Individuum hat jeder Mensch das Recht, um Sozialhilfe, im Krankheitsfall um medizinische Behandlung, im Falle von Arbeitslosigkeit um Arbeit und im Alter um Rente zu bitten.

2. Das Recht auf Bildung. Nach der demokratischen Grundregel sind alle Menschen gleich. Um jedoch eine wirkliche Chancengleichheit zu verwirklichen, sollte jeder Mensch nicht nur eine Grundbildung erhalten, sondern zusätzlich auch eine Berufsausbildung.

3. Das Recht auf Arbeit. Wenn ein Mensch seine Ausbildung abgeschlossen und ein wenig Berufserfahrung gesammelt hat, sollte die Gesellschaft ihm einen Arbeitsplatz oder eine Beschäftigung geben, damit er an den produktiven Tätigkeiten teilnehmen kann. Auf diese Weise könnte jeder Mensch arbeiten und zur wirtschaftlichen Produktivität beitragen. Wir glauben, dass der soziale Wohlstand die Frucht der Bemühung aller Mitglieder einer Gesellschaft ist. Wenn es genügend Mittel und ausreichende Möglichkeiten gibt, damit alle Bürger arbeiten können, profitiert die Volkswirtschaft davon. Deshalb haben reiche Nationen produktivere Arbeitnehmer, während ärmere Staaten weniger produktive Arbeitnehmer haben.

4. Das Recht auf Freiheit. Freiheit ist ein weiteres Grundprinzip der Demokratie. Der heutige Wohlstand ist das Ergebnis der Ausübung der Persönlichkeitsrechte, der Initiative der Menschen und ihrer kreativen Bemühungen. Leider gibt es im heutigen demokratischen System immer wieder Eingriffe in die Freiheit der Menschen, ob sie körperlich, politisch, ideologisch oder ökonomisch bedingt sind. Immer, wenn Menschrechte missbraucht werden, wird der Einzelne behindert und damit auch der Fortschritt der Gesellschaft.

Die Verwirklichung demokratischer Ideen hängt von der Fähigkeit der Gesellschaft ab, allen Menschen dieselben Grundrechte zur Verfügung zu stellen. Je erfolgreicher die Volkswirtschaft darin ist desto näher kommt sie an eine Demokratie heran, die zu ihr passt. Hauptzweck und Hauptfunktion des Staates muss es sein, alles dafür zu tun, damit diese Grundrechte nicht verletzt werden.

Der Aufstieg der Demokratie gelang, als die Menschen nach einer langen Phase der Unterdrückung gegen ihre autokratisch geführte Regierung rebellierten. Diese Reaktion wurde durch die industrielle Revolution beschleunigt. Zuerst war der wichtigste Antrieb für die Demokratiebewegung der Schutz der Privatbesitzrechte und der Freiheit des Einzelnen. Leider gab es keine weiteren Schritte zur Durchsetzung der Grundrechte. Dennoch sind diese Grundrechte für einen freien Menschen von fundamentaler Bedeutung. Ohne sie hat der so genannte „freie Mensch" nur Rechte auf dem Papier. Als Folge dieser Vernachlässigung wurden Gesellschaften geschaffen, die nach außen demokratisch zu sein schienen, aber nicht für alle Menschen demokratisch waren. Obgleich die industrielle Revolution eine bedeutende Rolle für den wirtschaftlichen Fortschritt spielte und demokratische Regeln eingeführt wurden, bleiben noch viele Probleme bestehen. Der Staatsapparat basiert noch auf absoluter politischer Macht. Die Menschen, die regieren, kontrollieren nicht nur politische Angelegenheiten, sondern auch alle anderen Bereiche der Volkswirtschaft. Das führte zum Bankrott der demokratischen Grundregeln.

Eine demokratische Gesellschaft basiert auf dem Prinzip von Zusammenarbeit und Einvernehmen und hängt von dem Bestreben des Einzelnen ab, sein Leben individuell in Freiheit und Frieden zu gestalten. Ohne die Initiative, Phantasie und die kreativen Bemühungen des Einzelnen wäre unsere Gesellschaft starr. Der Fortschritt käme, wie bei den ehemaligen großen, autokratisch geführten Zivilisationen, wie dem Mittleren Osten und den afrikanischen Ländern, nur langsam voran. Da die Macht des Einzelnen begrenzt ist, sind die gemeinsamen Bemühungen und der innere Antrieb vieler Menschen notwendig, um bedeutende Leistungen zu vollbringen. Deshalb ist es unvermeidlich, dass der Mensch in der Gesellschaft lebt. Die Aktivitäten einer Gesellschaft dürfen nicht nur auf ihren eigenen Fortschritt ausgerichtet sein, sondern müssen auch die berechtigten Interessen des Einzelnen gebührend berücksichtigen.

4

In der früheren Landwirtschaft war das Leben einfacher als heute. Die Politik war ein wichtiger Teil der Regierungsverantwortung. Ein Staat war für Gesetz und Ordnung seines Landes verantwortlich. Wenn die Nation angegriffen wurde, musste die Regierung ihre Armee mobilisieren, um die Nation zu verteidigen. Die Menschen, die ein Verbrechen begannen, wurden bestraft, und die nationale Regierung muss diese Macht zur Durchsetzung der Bestrafung besitzen. Jedoch muss die Macht der Regierung klar begrenzt sein und kontrolliert werden, andernfalls kann die Regierung selbst der Gefahr erliegen, sie zu missbrauchen. Über einige tausend Jahre lang machten sich viele Diktatoren und autokratische Regierungen das Gesetz gefügig, weil sie, wie Geschichtsaufzeichnungen belegen, ihre politische Macht grenzenlos ausüben wollten.

Die Rolle der Regierung und die Grenzen ihrer Macht verändern sich entsprechend der Entwicklung ihrer Nation nach und nach. In einem demokratischen Staat arbeitet die Regierung entsprechend ihrer gesetzgebenden Verfassung. Der Staat schützt die Persönlichkeitsrechte und Freiheit seiner Bürger und stellt sicher, dass die Volkswirtschaft in Übereinstimmung mit den demokratisch verabschiedeten Gesetzen geführt wird. Der tatsächliche Gebrauch von Recht und Freiheit sollte an Entscheidungen einzelner, z. B. der Gerichte, gebunden sein. Wenn eine Regierung über alle Instanzen hinweg direkt in die Rechte einzelner Bürgern eingreift und deren Freiheit im Namen des Staates einschränkt, dann würde die Regierung ihre Macht missbrauchen.

Die offensichtliche Eigenschaft, die die Demokratie von der Autokratie unterscheidet, ist die Frage der Souveränität. Regieren sich die Menschen selbst? Oder werden sie von einer Institution regiert, die unbegrenzt Macht besitzt? Im letzten Fall werden die Menschen von einer Institution wie der Regierung nur abhängig. Nehmen wir die Bildung als Beispiel. Wenn der Staat für die Bildung seiner Bürger verantwortlich ist, geht jedes Kind ab einem bestimmten Alter zur Schule. Da einige Familien möglicherweise keine Unterrichtsgebühren für ihre Kinder zahlen können, sollte die Regierung ein freies Schulsystem zur Verfügung stellen. Wenn die Bevölkerung schneller wächst als die Kapazität der Schule fassen kann, sollte die Regierung die Schulen vergrößern, um die zunehmende Zahl der Schüler unterbringen zu können. Die Aufgabe der Regierung ist es, die Anforderungen der Gesellschaft an eine angemessene Erziehung ihrer Jugend zu erfüllen. Die Jugend muss ausgebildet werden und die Möglichkeit zur Bildung haben, ohne dass das Augenmerk auf zu vielen Prüfungen liegt oder die Schüler sich nicht frei entfalten können oder die Gefahr besteht, dass sie nicht studieren können. Leitung der Schule, Unterricht, Bücherauswahl oder Ideologie sind Rechte, die Lehrer und Schüler in begrenztem Maße selbständig mitgestalten und ausüben dürfen. Das entspricht der demokratischen Ansicht von freier Bildung. Wenn jedoch die Regierung in die Schulpolitik eingreift, die pädagogischen Richtlinien ablehnt, um ihre eigene Ideologie durchzusetzen, dann ist die Bildung nicht mehr frei. Die Wahl der Lehrbücher und der Lehrplan sollten nicht von der Regierung per Dekret vorgeschrieben werden, sondern von den Fachinstitutionen festgelegt werden. Der Hauptzweck läge nicht mehr im Erlernen von Unterrichtsstoff, sondern im Studieren einer Doktrin oder Propaganda.

Ein Grund für das Versagen vieler demokratischer Systeme ist das Versäumnis, die Regierung fachlich zu kontrollieren. Es kommt zu Fehlentwicklungen, wenn ein Staat seine Machtbefugnisse überschreitet. Um Regierungen davon abzuhalten, in die Mechanismen der Marktwirtschaft zu massiv einzugreifen und, um die Grundregeln der Demokratie zu erhalten, ist es nicht ausreichend, nur die traditionelle Gewaltenteilung nach Legislative, Exekutive und Jurisdiktion vorzunehmen. Seit dem 17. Jahrhundert, als die Briten das erste parlamentarische System einführten, das später mit den demokratischen Bewegungen in weiten Teilen der Welt verbreitet wurde, kann man noch bis ins 20. Jahrhundert hinein viele Republiken finden, die in einer autokratischen Ordnung leben und die Menschenrechte nicht achten. Der Gründer der Volksrepublik China, Dr. Sun Yat-Sen, beachtet dieses Problem auch. Er schlug vor, ein unabhängiges Untersuchungssystem, „Yuen", einzurichten und eine besondere Institution damit zu beauftragen, insbesondere das Verhalten der Beamten zu prüfen und Fälle von Amtsmissbrauch zu untersuchen. Seine Idee schlug jedoch fehl, weil dieses Untersuchungssystem „Yuen", ebenso wie die oben genannte Institution, von der Leitung, von „Yuen" ernannt und nicht separat von den Menschen gewählt wurde. In China gibt es ein Sprichwort: „Die Beamten haben sich immer gegen Außenseiter verteidigt". Es wäre besser, eine dauerhafte Beschwerde- und Untersuchungsabteilung in jedem Parlamentsbezirk einzurichten, weil das Parlament von den Menschen separat gewählt wird. Die Parlamentsmitglieder sollten nicht nur im Parlament arbeiten, in dem sie sich nur mit scheinbar wichtigen Angelegenheiten beschäftigen, sondern auch in einfachen Büros in den Städten und Gemeinden, von denen sie gewählt wurden und die sie repräsentieren. Dies kann, vergleichbar einem Wachposten, funktionieren und für die Menschen eine wichtige Dienstleistung darstellen. Wenn die Beamten der Exekutive die Macht missbrauchen, wie willkürliche Rechtsprechung, Korruption, Menschenrechtsverletzung und Unfähigkeit etc., können sich die Menschen direkt bei ihnen beschweren. Das sind die häufigsten Fälle von Verfehlungen, die von diesen Beamten begangen werden. Unter diesen Umständen kann sich die Demokratie nicht entfalten. Als zusätzliche Maßnahme, für den Fall, dass die Beamten für Beschwerden nicht empfänglich sind, sollte es monatliche Veröffentlichungen geben, die die Allgemeinheit über die Verantwortung und Rechtschaffenheit der Regierung informiert. Auch heute muss man die Staatsmacht aufteilen und darf nicht zu viele Funktionen in einer Behörde konzentrieren.

Die Menschen sollten die Freiheit haben, ihre Ideen und Forderungen auszudrücken. Wenn man diese Rechte ausübt, muss man Regeln folgen. Wenn die Freiheit nicht eingeschränkt würde und jeder auf seinen eigenen Ideen bestünde, ohne Rücksicht auf die anderen zu nehmen, wäre Anarchie das Ergebnis. Im schlimmsten Fall könnte das Töten eines Menschen aus den unterschiedlichen Sichtweisen heraus als ein Persönlichkeitsrecht gelten.

Ein demokratisches System kann durch eine öffentliche Wahl geändert werden (Änderung ihrer Regularien und ihrer Regierung). Vom gemeinen Volk durchgeführte Massendemonstrationen führten zu einem Gesetz, das die soziale Ordnung und die vorhandene politische Struktur gefährdete. Diese Demonstrationen können in einer fehlgeschlagenen Freiheit für alle Menschen enden. In einer Demokratie, in der jeder Mensch seine eigenen Ideen ausdrücken kann, müssen auch Recht und Ordnung der Mitmenschen gelten und respektiert werden. Das demokratische System lässt Raum für Debatten. Diese aber sollten im Rahmen der offiziellen Regelungen durch das Parlament, die öffentlichen Organisationen und die Medien, usw. stattfinden. Aus diesem Grund sollten Zeit und Umfang von Massendemonstrationen begrenzt werden. Es sollte auf keinen Fall dazu kommen können, dass eine umfassende Störung oder ein gefährlicher Schwebezustand zu tief greifender Unsicherheit im ganzen Land oder gar zum Sturz des Establishments führen könnte. Man kann nachvollziehen, dass es der Demokratisierung abträglich ist, wenn die Exekutive unter der ständigen Bedrohung von Demonstrationen und Streiks wäre, weil jeder Mensch oder jede Gruppe mit ihren unterschiedlichen Ideen und Forderungen auf die Straße geht und demonstriert. Die Macht der Regierung würde in Frage gestellt werden, ihr Wert als gewählte Einrichtung des Volkes würde stark abnehmen. Schließlich würde das aufgebaute System durch die Menschen selbst vollständig zerstört. Die französische Revolution des 18. Jahrhunderts war dafür ein Beispiel. Als eine Partei die Kontrolle über die Regierungsgeschäfte übernahm, kam es zu Hinrichtungen von Menschen. Die Parteien wechselten sich darin ab, Scharfrichter zu sein. Schließlich, mit der Machtübernahme durch Napoleon, stürzte das gesamte demokratische System ein. Sogar nach dem Fall von Napoleon blieb das autokratisch regierende System für lange Zeit erhalten. Folglich darf man nicht vergessen, dass Wohlstand und Fortschritt einer Gesellschaft neben den Freiheitsrechten vor allem von ihrer Stabilität und von ihrer sozialen Ordnung abhängen. Freiheit bedeutet das Recht der Menschen, ihre Ideen und Wünsche auszudrücken. Diese Freiheit darf nicht dazu führen, dass sie über Gebühr ausgenutzt wird.

Die Demokratie gibt den Menschen Rechte, insbesondere das Recht, eine eigene Regierung zu wählen. Die Regierung hat auch die Exekutivmacht, öffentliche Angelegenheiten zu regeln. Noch einmal, diese Macht gehört jeder gewählten Regierung, aber die Regierung selbst muss bestimmten Richtlinien folgen. Der Staat ist dazu da, um die versprochene Politik und die Ziele zu verwirklichen, die die Menschen vereinbart hatten. Weder können Beamte ein Machtmonopol oder ein Privileg haben noch dürfen sie sich über das Gesetz stellen. Andernfalls ist es weder eine Regierung der Menschen noch eine Regierung für die Menschen.

Viele Regierungsbeamte sehen es als ihre wichtigste Aufgabe an, ihre eigene Macht und Position und die absolute Hoheit ihrer Partei zu erhalten. In diesem Fall kann keine Demokratie funktionieren. Wenn man die amerikanische Revolution betrachtet, versteht man, warum einige Länder ihre Demokratie erhalten können und andere nicht. Amerikas Unabhängigkeitskrieg basierte auf demokratischen Ideen Englands. Die Vereinigten Staaten suchten nicht nur Unabhängigkeit von den Briten, sie stellten auch eine demokratische Ordnung und Verfassung als ihr Ziel auf. Die Führer der Revolution, George Washington und Thomas Jefferson, respektierten und übernahmen die demokratischen Richtlinien. Sie hielten sie auch dann noch hoch, nachdem sie zu Präsidenten gewählt wurden. Als die nächste Wahl anstand und ein anderer Präsident gewählt wurde, traten sie friedlich ab. George Washington lehnte sogar eine dritte Amtsperiode ab, als er gebeten wurde, für die Wiederwahl zu kandidieren. Obgleich die Vereinigten Staaten zu dieser Zeit noch eine sehr instabile Nation waren und keine Erfahrung mit der Demokratie hatten, wurde die Nation eine starke Demokratie, weil die Gründer an den Richtlinien und Grundregeln der Demokratie festhielten. Wenn Washington seine Macht ausgenutzt und die Präsidentschaft angenommen hätte, müsste die amerikanische Geschichte wieder neu geschrieben werden und würde der blutigen Französischen Revolution ähneln. Aus diesem Grund müssen in einer Demokratie Recht und Ordnung beachtet und befolgt werden, andernfalls hat die Demokratie keinen Bestand. Die Regierungsbeamten sollten immer daran denken, dass die Basis ihrer politischen Macht eine Verpflichtung ist, für die Realisierung eines freien Landes und den Wohlstand der Nation zu sorgen. Das Gesetz ist nicht nur dafür da, dass die Menschen sich daran halten. Bevölkerung und Beamte sind vor dem Gesetz gleich. Die Beamten sollten bestraft werden, wenn sie ihre Macht missbrauchen.

In der Vergangenheit, als die Gesellschaft weniger kompliziert war, regelte der Staatsapparat hauptsächlich die politischen Angelegenheiten, wie Recht und Ordnung, Rechtsstreitigkeiten, Vereidigung von Staatsbeamten, Besteuerungssysteme und die Verteidigungs- und Außenpolitik. Es gab nicht viele Handels- oder Geschäftätigkeiten, auch Transport und Kommunikation standen nicht im Vordergrund. Schulwesen und

Gesundheitssystem, Arbeitgeber- und Arbeitnehmerbelange, Rezessionskreisläufe, Arbeitslose, Streiks und Sozialversicherung waren ebenso unbekannt wie die nationale und internationale finanzielle Ausgewogenheit, die allgemeinen Geldinstitute wie Banken und die Börse sowie Energie-, Produktivitäts- und Konkurrenzprobleme. Es existierten keine Arten von Technologie und Forschung für industrielle Entwicklung und keine Verbesserung der medizinischen Versorgung oder Nahrungsmittelversorgung. Aber diese Angelegenheiten sind sehr wichtig und jede Regierung sollte ihnen besondere Aufmerksamkeit schenken. Wir befinden uns heute gesellschaftlich in einer ganz anderen Zeit. Zuvor war es noch eine einfache Gesellschaft und man hat dieses Gesellschaftsstadium als eine Gesellschaft der Unitarier bezeichnet. Seit der Industrialisierung haben viele der wirtschaftlichen, sozialen und öffentlichen Bedürfnisse und das öffentliche Interesse an Komplexität zugenommen, weil sich unsere Gesellschaft zu einer Multi-Gesellschaft entwickelt hat. Aus diesem Grund sollte unsere Staatsform entsprechend geändert werden. Nur eine Multi-Regierung kann auf den Fortschritt der heutigen Gesellschaft rational und effektiv vorbereiten. Die heutige Politik ist nur eine unserer nationalen Sorgen und es gibt noch viele andere Aspekte der Gesellschaft, die wichtig sind. Diese Aspekte verdienen es, erkannt und weder dem politischen Interesse unterworfen zu werden noch unter der Intervention einer omnipotenten politischen Zentralverwaltung zu leiden.

V

Multi-Regierung
und selbstbestimmende Demokratie

1

Zu den verschiedenen Zeiten gab es unterschiedliche Regierungsformen. Man kann zwei Hauptsysteme voneinander unterscheiden: die absolute Autokratie und die freie Demokratie. In der Vergangenheit war der König der Souverän; die Regierung sein eigenes Geschäft und er regierte allein. Heute gehört die Souveränität dem Volk und das Volk übt sie dadurch aus, dass es die Regierung wählt, normalerweise durch die Wahl politischer Parteien. Die Parteien lassen sich ebenfalls in unterschiedliche Grundtypen aufteilen: autokratisch und demokratisch. Wenn die Partei auf demokratischen Grundregeln basiert, sind auch die Mitglieder dieser Partei demokratisch orientiert und können ihre Ideen und politischen Gedanken frei äußern. Wenn aber die Partei mit absoluter Macht über ihre Mitglieder und über die Ideologie herrscht, verfügt sie in der Regel über ein kleines Führungsgremium, das den Mitgliedern seine ganze Macht, seine Ideologie und politische Direktiven aufzwingt. Für freie Ideen und echte Wahlmöglichkeiten bleibt keine Luft mehr. Das ist der Charakter einer autokratischen Partei. Der Unterschied zwischen dieser Art der Regierungspartei und der alten Monarchie ist, dass die moderne autokratische Partei nicht nur absolute Macht ausübt, sondern auch dem Land zusätzliche strengere Richtlinien auferlegt, alle sozialen Tätigkeiten kontrolliert und es keinem Bereich erlaubt, sich ihrer Kontrolle entziehen.

In einem demokratischen Land gibt es eine Verfassung, die die freie Wahl von Regierungsabgeordneten sowie die Rechte und die Freiheit des einzelnen Bürgers garantieren. Die parlamentarische Demokratie ist ohne Zweifel das bessere politische System, weil sowohl die Regierung als auch die Bevölkerung auf dem gleichen sozialen Stand sind und es keine grundlegenden Klassenunterschiede gibt. Die Menschen haben die völlige Rede- und Glaubensfreiheit. Wegen dieser Rechte ist das Volk frei, seine Meinung und Ideen den Regierungsinstitutionen gegenüber auszudrücken. Die Regierung wiederum fördert Ideen und Beiträge der Menschen und umgekehrt. Beiden Seiten steht es frei, ihre Ansichten auszutauschen, anders als in der Autokratie, die ohne die Zustimmung ihres Volkes und ohne dem Wohl des Volkes Aufmerksamkeit zu zollen, regiert.

Teilen die demokratischen Regierungen wirklich den gleichen sozialen Status mit ihren Bürgern? Und wie funktioniert es in dem einzelnen Land? Viele glauben, dass die heutige Demokratie den Erwartungen und Bedürfnissen der Menschen oft nicht entsprechen kann. Dieser Mangel bezieht sich - wie uns Faschisten und auch Kommunisten glauben lassen wollen - in erster Linie auf die Regierungsstruktur und die Basis des Wahlsystems, die doch eher in Frage gestellt werden könnte.

2

Wir können die Mängel unserer Demokratie wie folgt summieren:

1. In den Ländern mit einer hohen Analphabetenrate verstehen die Menschen normalerweise wenig von Regierungsarbeit. Also kann die Regierung die Macht für ihr eigenen Interessen leicht in einem Monopol konzentrieren. Das führt entweder zu einer autokratischen Richtlinie oder zu Korruption. Dies ist in vielen Ländern in Afrika, in Südamerika und in Asien geschehen. Obgleich diese Länder Regierungen haben, die formal demokratisch sind, genießt ihr Volk keine Freiheit.

2. Das andere Gegenstück ist die Wahl, die auf freier Abstimmung basiert. Die Kandidaten führen für die öffentliche Meinung eine Kampagne durch und vertreten das, von dem sie denken, dass das Volk es in ihren Wahlkreisen für populär hält. Die Wähler stimmen oft für den Kandidaten mit dem höchsten Bekanntheitsgrad, anstatt sich mit den Führungsqualitäten des Kandidaten oder besser mit seinem Programm auseinander zu setzen. Aus diesem Grund bringt die Wahl immer häufiger einen Populisten hervor, einen Sprecher des Volkes, anstatt eine Führungspersönlichkeit. Dem Populisten aber mangelt es häufig an Visionen, denn er befasst sich hauptsächlich mit Angelegenheiten, die von kurzfristigem Interesse sind. Dementsprechend muss die Regierung ihre politischen Richtlinien ändern, um sich der Stimmung der Öffentlichkeit anzupassen; andernfalls könnte die folgende Wahl einen Regierungswechsel mit sich bringen. Dies ist der Grund, warum in den fortschrittlichen demokratischen Ländern wie Italien,

Großbritannien und den Vereinigten Staaten Wahlen häufig mit einem Regierungswechsel von einer Partei zu einer anderen einhergehen. Wir sind nicht gegen einen Regierungswechsel, sondern nur gegen die negativen Auswirkungen, die eine populistische Wahl auf die Politik haben kann. Um an der Macht zu bleiben, werden Regierungen häufig von kurzfristigen Interessen geleitet. Wie gesagt, die Menschen sind eher ungeduldig. Wenn ein Problem entstanden ist, wird es oft auf die Regierung geschoben. Infolgedessen kann sich die Regierung weder in einer langfristigen Politik engagieren noch die wichtigen grundlegenden Verbesserungen erzielen, die notwendig sind, um den Grundstein für dauerhaften Wohlstand zu legen. Nehmen wir zum Beispiel die Wahl von 1991 in den Vereinigten Staaten. Während der Präsidentschaft von Bush, nach der Regierung von Präsident Reagan, genossen die Vereinigten Staaten am Ende der achtziger Jahre des vergangenen Jahrhunderts zunächst noch ein paar Jahre wirtschaftlichen Wohlstands. Aber dann setzte eine Rezession ein. Dies ist der typische kapitalistische Rezessionszyklus. Ende 1991 erholte sich die Wirtschaft bereits wieder, aber das amerikanische Volk erkannte es nicht und wählte ihn stattdessen ab, weil es ihn für die wirtschaftliche Lage verantwortlich machte. Dies basierte auf einer falschen Annahme. So lässt sich das Problem des demokratischen Systems identifizieren.

3. Die industrielle Revolution machte die Komplexität des heutigen sozialen Lebens deutlich, wie sie zuvor aus der Landwirtschaft überhaupt nicht bekannt war. Unsere Gesellschaft hat sich von der einfachen Unitarier Gesellschaft zu einer komplexen Multi-Gesellschaft verändert. Obgleich die Gesellschaft geändert worden ist, bleibt die Regierung weiterhin auf dem Stand der Feudalzeit, mit einer einseitig ausgerichteten politischen Regierungsstruktur. Heute muss die Regierung viele verschiedenartige soziale Angelegenheiten, deren Probleme auch durch die Industrialisierung hervorgerufen worden waren, im Griff behalten. Diese Komplexität macht es dem einzelnen Regierungsmitglied schwer, effizient zu arbeiten. Der einzelne Abgeordnete verlässt sich auf externe Berater, aber die Entscheidungen müssen von ihm alleine verantwortet werden. Das politische Interesse stimmt häufig nicht mit der optimalen Lösung eines Problems überein, ob bei wirtschaftlichen, wissenschaftlichen oder öffentlichen Erfordernissen. Zu vielen Angelegenheiten kann man von unterschiedlichen Gesichtspunkten aus unterschiedliche Ansichten vertreten und zu völlig verschiedenen Lösungsansätzen gelangen. Z. B. basiert die vorherrschende Politik zur Verteilung des Einkommens auf dem Standpunkt, die Wirtschaftsprobleme zwischen arm und reich zu lösen. Man kann auch sagen, dass der Karl Marxsche Kommunismus völlig von dieser

Leitlinie als alleinigem Gesichtspunkt, wonach Privatbesitz und Unternehmensfreiheit unter allen Umständen untersagt sind, abgeleitet wird. Aus diesem Grund dachte er nie an den Wert der Freiheit und der Persönlichkeitsrechte. Solche einseitigen Ideen und diese Politik verschlechtern nur die Situation, lösen aber keine Probleme.

Wenn man echte Demokratie und eine wirklich freie Gesellschaft mit leistungsfähigen Wirtschaftsbeteiligten will, sollte man das für die heutige Regierungsstruktur verantwortliche Konzept von der politischen Machtkonzentration negieren und ein neues Konzept, entsprechend der Realität unserer neuen Gesellschaft, erstellen. Die Regierung sollte dezentralisiert werden. Unterschiedliche Sozialfragen und alle übrigen Belange des Staatswesens sollten von Fachausschüssen, in denen auch die verschiedenen Berufsgruppen integriert sind, behandelt werden. Dies entspräche der Regierung einer Multi-Gesellschaft. Auch heute schon wird die Dezentralisierung der administrativen Macht von der Zentralverwaltung zu den regionalen Regierungen in Erwägung gezogen, weil die regionalen Regierungen rationaler und leistungsfähiger sein können. Ähnlich würden Multi-Regierungen die verschiedenen sozialen Tätigkeiten besser leiten als eine Administration, die durch eine politische Regierung zentral gesteuert wird.

Bekanntlich sind Wahlen der Kern einer jeden demokratischen Regierung. Wenn man jedoch den Wahlprozess analysiert, entdeckt man, dass Wahlen in erster Linie politische Angelegenheiten sind, die normalerweise von fachkundigen Politikern beherrscht werden, die üblicherweise nicht auch noch Fachleute auf anderen Gebieten sind. Dieses Wahlsystem ermöglicht die Regierungsbildung durch die Mehrheit der Bevölkerung und nicht durch spezielle Berufs- und Interessengruppen. Der Unterschied zwischen dem Mehrheitswahlrecht und dem anderen Wahlsystem ist auch schon daran erkennbar, dass die Öffentlichkeit normalerweise emotional ist und für sie kurzfristige Veränderungen zu ihren Gunsten im Fokus stehen. Wenn ein Kandidat aufwendige Werbung betreibt und große Versprechungen macht, dann lassen sich Wähler dazu beeinflussen, ihm ihre Stimme zu geben. Eine Wählergemeinschaft hingegen, aus Mitgliedern eines Berufsstandes bestehend, würde Kandidaten auswählen, die professionell und qualifiziert wären.

Man sollte die Unterschiede zwischen dem Mehrheitswahlrecht und der Wahl von Berufsgruppen untersuchen. Heutzutage ist jeder von der Umwelt betroffen, weil sie sein Leben und seine zukünftigen Lebensbedingungen unmittelbar beeinflusst. Die Belange des Umweltschutzes nehmen bei der Bevölkerung einen hohen Stellenwert ein. Im Staat Kalifornien wurde 2001 die Energieversorgung der Bevölkerung knapp. Jahre zuvor hatten die Energiefirmen vorgeschlagen, mehr Kraftwerke zu errichten, um die Nachfrage nach mehr Energie zu befriedigen. Die Regierung von Kalifornien lehnte diese Vorschläge jedoch konsequent ab, da die Regierung von Kalifornien weithin dafür bekannt, dass sie sich für den Klimaschutz sehr einsetzt. Aus Furcht der Politiker, Wählerstimmen zu verlieren, wurde sogar der Antrag auf Errichtung eines hydraulischen Staudamms zurückgewiesen. Die Umweltschützer behaupteten, dass das dazugehörige Gebäude des hydraulischen Staudamms die Fische in diesem Staubereich gefährden könne. Infolgedessen wurden dort ungefähr 10 Jahre lang keine neuen Kraftwerke gebaut. Kalifornien ist der Staat, in dem Bevölkerung und Industrie am schnellsten wachsen. Der Energieengpass resultierte aus dem gestiegenen Energieverbrauch und der ungenügenden Energieversorgung. Dadurch schnellte der Preis für Elektrizität in 2001 empor. Die Firmen in Kalifornien, die einen sehr hohen Energieverbrauch hatten, waren entweder bankrott oder standen kurz davor. Die kalifornischen Politiker geben ihre Verantwortlichkeit für diesen Zustand nicht zu. Stattdessen ziehen sie die Bundesregierung zur Verantwortung mit der Begründung, sie habe nicht genug geholfen und beschuldigen die Ölfirmen, die hohen Preise für Kraftstoffe verursacht zu haben. Die lokale Regierung kontrolliert alle Dienstleistungsprogramme; der Staat Kalifornien hat sogar eine eigene Energiebehörde. Wer übernimmt die Verantwortung, wenn ein solches Problem auftritt? An diesem Fall wird deutlich, dass die Mehrheit der Bevölkerung sich für eine schwache Regierung entschieden hat. Da alle Politiker unter dem Druck der Öffentlichkeit stehen, würden sie ihr eher schmeicheln als sie zu verärgern und dadurch möglicherweise die Wahl zu verlieren. Dieser Umstand führt zu einer Regierung, die nur kurzfristige Interessen verfolgt anstatt ihre Politik langfristig zu planen. Wenn Probleme auftreten, suchen sie Ausflüchte oder beschuldigen die Opposition. Wenn spezielle Berufsgruppen die Basis der Wähler darstellten, würden rechtzeitig Kontrollen stattfinden und ein Engpass, wie oben beschrieben, würde erst gar nicht entstehen. Es ist bekannt, dass die Umwelt für unser Leben und unsere Zukunft sehr wichtig ist. Dennoch muss gelegentlich der Schutz der Umwelt dem Wohl der Gesellschaft gegenübergestellt werden. Sind die Bedürfnisse der Menschen und ihrer wirtschaftlichen Entwicklung nicht wichtiger als der Lebensbereich der Fische? Bei Wahlen, in denen spezielle Berufsgruppen die Basis der Wähler darstellen, legt die Regierung den Schwerpunkt eher auf das Erreichte als dem Druck der Öffentlichkeit nachzugeben. Wenn ein Problem auftritt, kann die Regierung das Für und Wider einer Entscheidung abwägen und muss nicht wegen des Vetos einer Interessengruppe besorgt sein, sondern kann sich um das Wohl der Menschen kümmern und den sozialen Fortschritt vorantreiben.

Wie sich das Wesen der Gesellschaft verändert hat, so muss sich auch die neue Regierungsstruktur ändern. Die Multi-Regierung ist ein rationaleres System als das, das wir aus der „unitarischen" Gesellschaft übernommen haben. Das Konzept einer Multi-Regierung basiert auf der Idee, dass viele autonome Einheiten mit verschiedenen Interessen und Berufsgruppen ihren Kanzler als Vorsitzenden ihrer Regierungsabteilung wählen. Das wäre bei der Führung aller sozialen Aktivitäten effizienter als die Führung durch eine zentralisierte politische Gruppe, die nur aus Politikern besteht. Wir könnten dieses System eine selbstbestimmende, autonome Regierung nennen, die auf demokratischen Prinzipien basiert. Alle diese dezentralisierten Regierungseinheiten würden von einer nationalen Verfassung abhängen. Jede Einheit wäre verantwortlich für einen besonderen Bereich wie dem Handel, den Verbänden, den Interessengruppen und verschiedenen Berufsgruppen etc. Dieses Arrangement würde die Schwäche des derzeitigen Wahlsystems vermeiden.

Durch die Trennung der politischen Angelegenheiten von anderen sozialen Angelegenheiten wäre man in der Lage, die Verwaltung in drei führende Grundkategorien zu dezentralisieren: Politik und Wirtschaft, Kultur, Erziehung und Umwelt.

I. Politische Regierung

Die politische Regierung würde sich mit der Leitung der öffentlichen Angelegenheiten beschäftigen, die die Grundlage der Gesellschaft bildet. Sie würde freie Wahlen organisieren und die Regierungsbildung beaufsichtigen. Ferner würde die politische Regierung die Verfassung und die Grundgesetze, Recht und Ordnung, Verteidigung und Außenpolitik aufrechterhalten und das nationale Jahresbudget festlegen.

Sie würde die gesamte Judikative ausüben, die Freiheitsrechte schützen, Monopolbildung und illegale Tätigkeiten verhindern. Schließlich gelten diese Vorsorgemaßnahmen dem Schutz der öffentlichen Interessen. Für den Fall, dass andere Regierungsbehörden ihre Macht überschreiten oder unlösbar scheinende Probleme auftreten, sollte sie das Parlament in einer Debatte um Rat bitten.

II. Wirtschaftsregierung

Diese würde aus Vertretern des Handels bestehen. Verbrauchergruppen und Berufsverbände, die von ihren direkten Interessensgruppen gewählt würden, würden aus ihren Reihenden Kanzler wählen. Die Wirtschaftsregierung würde alle Wirtschaftsaktivitäten unterstützen und das neue soziale kapitalistische System vertreten. Der Schwerpunkt sollte auf dem Fortschritt und der Durchführung der Grundregeln der sozialen Marktwirtschaft liegen. Sie legt die geschäftlichen Grundregeln und die Standards für den Produktionsprozess fest. Sie würde Einrichtungen bereitstellen, Produktionen finanziell unterstützen und die wirtschaftliche Lage für eine Makrowirtschaftspolitik überwachen. Die Regierung beteiligte sich an der Forschung und an der Einhaltung des Budgets und der Geldpolitik. Ebenso an der Führung der Richtlinien für natürliche Ressourcen, öffentliche Dienstleistungsprogramme, Wohnungsbau und Sozialversicherung. Diese Wirtschaftsregierung würde sich mit den Gegebenheiten ändern, Schwerpunkte für ihre Entwicklung setzen und die jährliche Wachstumsrate kontrollieren, um Inflation oder Deflation zu verhindern. Sie würde bei der Verlagerung von Produktionen, Umschulungs- und Beschäftigungsmaßnahmen usw. der Gesellschaft hilfreich zur Seite stehen.

III. Kultur-, Bildungs- und Umweltregierung

Diese Regierung würde alle intellektuellen Gruppen repräsentieren und unabhängig mit Veröffentlichungen, der Presse, Medien, Wissenschaften, Künsten, Bildung und Umwelt umgehen. Ihr Zweck würde sein, die freie Entwicklung aller Kulturbereiche zu fördern, zu neuen Ideen anzuregen, die Forschung und den Austausch von wissenschaftlichen Entdeckungen zu erleichtern usw. Sie würde auch Gesundheitsrisiken und Arbeitsbedingungen untersuchen.

Die dezentralisierte Umstrukturierung der Regierung in eine Ordnung auf der Grundlage verschiedener autonomer Gruppen würde zu einer freien Entwicklung aller sozialen Tätigkeiten führen und eher auf die demokratische Grundregel zutreffen. Sie würde auch eine rationalere und wirkungsvollere Regierung sein, weil der Wahlprozess Kandidaten mit realen Fähigkeiten und Fachleute hervorbringen würde, anders als die populistische politische Wahl. Es ist vorherrschende Meinung, dass in der Demokratie die Ideen des Volkes realisiert werden sollen. Das war in der Feudalzeit nicht möglich, als die Verwirklichung der Ideen nur den privilegierten Familien zugestanden wurde. Die Regierungsbildung wird durch die freie Wahl des Volkes anstelle durch die Mitglieder der königlichen Familie bestimmt. Allerdings ist Demokratie nicht das eine Patentrezept, um die sozialen Probleme zu lösen. Soziale Probleme müssen durch politische Richtlinien der Regierung gelöst werden. Die durch das Volk gewählte Regierung kann diese Probleme nicht notwendiger-

weise lösen; es hängt von der Fähigkeit der Regierung ab. Das heißt, dass
die Menschen das Recht haben, ihre eigene Regierung zu wählen. Ob die
gewählte Regierung jedoch fähig ist, die Regierungsgeschäfte zu übernehmen, hängt davon ab, dass die Wähler aufgrund ihres Wissensstan-
des und ihrer Kompetenz die Kandidaten gewählt haben, die die fachli-
chen Voraussetzungen zur Übernahme der Regierungsgeschäfte mit-
bringen. Die Menschen halten selbst den Schlüssel zu einer erfolgreichen
Demokratie in ihren Händen. Obgleich die Demokratie den Menschen
das Recht gibt, über ihr eigenes Schicksal zu entscheiden, ist die heutige
Regierungsstruktur nicht in der Lage, durch Intervention alle Probleme
der Menschen zu lösen. Dies ist die Hauptursache des heutigen
Versagens der Demokratie. Nehmen wir die Präsidentschaftswahl der
Vereinigten Staaten von 2000 als Beispiel. Wegen des knappen Wahler-
gebnisses verlangte die Seite, die verlor, vom Höchsten Gericht von Florida, dass in drei großen demokratischen Bezirken noch einmal nachgezählt werden müsste, wohl mit der Hoffnung, dass sie die Wahl doch
noch gewinnen könnten. Es gab weder Beweise für einen möglichen Betrug noch erkennbar illegale Wahlaktivitäten. Warum nahm das Höchste
Gericht den Fall auf? Warum ordnete es an, dass nachgezählt wurde und
später dann noch einmal nachgezählt wurde? Dann noch eine weitere
Zählung per Hand. Die Wahl ist eine Angelegenheit der Exekutive, nicht
der Judikative. Später erteilte das Höchste Gericht in Florida einen Auftrag für eine Handzählung bis zum 3. Dezember. Aber der demokratische Kandidat verlor trotzdem. Das Wahlergebnis wurde vom Staatsse-
kretär in Florida öffentlich verkündet. Abermals verlängerte das Höchste
Gericht von Florida die Handzählung und der demokratische Kandidat
legte Berufung ein. Wussten die Richter des Höchsten Gerichts in Florida
nicht, dass ein Fall nur dann zweimal aufgerollt werden darf, wenn es
einen neuen Grund oder Beweis gibt? Dieser Vorgang zeigt, dass das
Höchste Gericht von Florida nicht nur seine Rechte überschritten und in
die Wahl eingegriffen hat, sondern noch schlimmer, gegen seine eigenen
gesetzlichen Prinzipien verstoßen hat. Es wollte nur die Wahl für den
demokratischen Kandidaten gewinnen. Wer überstimmte die Entscheidung des Höchsten Gerichts von Florida, als dann andere Parteien beim
Bundesgericht Berufung einlegten? Warum kamen diese zwei Gerichte
zu so unterschiedlichen Ergebnissen? Weil fünf der sieben Richter des
Höchsten Gerichts von Florida Mitglieder der Demokratischen Partei
waren und das Bundesgericht in der Mehrzahl aus Mitgliedern der Re-
publikaner bestand. Das beweist, dass das Parteiinteresse über dem Interesse an der Verfassung und der Nation steht. Sie können unter einem
Vorwand oder mit einer Entschuldigung, ganz sicher zu Lasten der Verfassung, in alle Angelegenheiten eingreifen, die sie interessieren.

Der ursprüngliche Entwurf der heutigen demokratischen Regierung basiert auf der Gewaltenteilung in Legislative, Exekutive und Judikative. Die Teilung war dazu bestimmt, ein Gleichgewicht zwischen den verschiedenen Funktionen des Staates herzustellen. Bei sorgfältiger Betrachtung fällt auf, dass Legislative, Exekutive wie auch die Judikative, die vom Vorsitzenden der Exekutive ernannt wird, normalerweise aus ein und derselben Partei stammen. Das Gebilde kann jedoch so, wie es gedacht war, kaum funktionieren. Es kann als ausgleichende Macht einen Gegenpol zur Regierung bilden. Die Präsidentschaftswahl der Vereinigten Staaten in 2000 hat dies Problem, wie man gesehen hat, sehr deutlich gezeigt.

Die Demokratie muss frei sein von egoistischem Machtdenken des Einzelnen oder vom Ehrgeiz einer Partei. Um dieses Ziel zu erreichen, sollte das gegenwärtige „nur"-politische Regierungssystem reformiert werden. Wir sollten ein rationaleres System suchen, so dass die wichtigen Angelegenheiten des Staates nicht von politischer Machtintervention belastet werden. Deshalb ist eine Multi-Regierung erforderlich. In der Multi-Regierung wird die Regierungsmacht in so viele unterschiedliche Berufsgruppen geteilt; sie kann kaum von einer Person oder Partei allein ausgeführt werden. Wenn diese Multi-Regierung schon zuvor bestanden hätte, dann hätten jene autokratischen Regierungen wie die der Nazis oder der Faschisten vor dem zweiten Weltkrieg oder die der kommunistischen Regierung danach, in der es nur eine Ideologie und nur eine Partei gab, unter Umständen erst gar nicht entstehen können. Wenn auch die Demokratie ein besseres System bietet als eine Ein-Mann-Regierung oder die autokratischen Richtlinien einer Partei, ist es gleichwohl wichtig darauf zu achten, dass die amtierende Regierung für eine angemessene Periode regieren sollte. Eine zu kurze Amtsperiode kann die gewählten Volksvertreter mit der Vorbereitung auf die nachfolgende Wahl zu sehr in Anspruch nehmen und anfällig machen für den Druck der Öffentlichkeit. Auch hat die Regierung in einer kurzen Amtsdauer nicht genügend Zeit, ihre Politik umzusetzen und die erforderlichen Maßnahmen vollständig durchzuführen. Eine zu lange Amtsperiode kann zu einer Diktatur führen. Vielleicht würde die angemessenste Amtsperiode sieben bis acht Jahre umfassen, jedoch ohne das Recht auf Wiederwahl. Wenn dieser Modus eingeführt würde, wären die gewählten Regierungsmitglieder in der Lage, die Inhalte ihres Wahlprogramms durchzuführen. Sie kämen so nicht in Versuchung, sich mit leeren Versprechungen beim Volk einzuschmeicheln oder nur auf die folgende Wahl hinzuarbeiten. Das würde zu einer unfähigen Regierung führen. Besonders in jenen Ländern, in denen es keine dominierenden Parteien gibt wie in Großbritannien, den Vereinigten Staaten und in Deutschland.

Diese Länder verfügen nur über viele kleine Parteien und ihnen ist eine länger andauernde Amtsperiode wichtiger. Nehmen wir Frankreich als Beispiel, vor der Zeit von De Gaulle, in den späten sechziger Jahren des vergangenen Jahrhunderts. Frankreich änderte seine Regierung häufig, sogar zwei oder dreimal in einem Jahr. Wie kann die Regierung in der Lage sein, ihre Politik durchzuführen? Nachdem Frankreich sein Gesetz änderte und einen Präsidenten für sieben Jahre wählte, anstatt eine Kabinettsregierung einzusetzen, stabilisierte sich die Regierungsarbeit. Heute steht Italien vor dem gleichen Problem. Es hat keine stabile Regierung und somit auch keine langfristig angelegte Politik.

In Ländern, in denen das Verständnis für den Wahlprozess aufgrund eines großen Anteils an Analphabeten begrenzt ist, wäre es besser, Berufsgruppen zu haben, die die unterschiedlichen sozialen Tätigkeiten leiten, anstatt alle Aktivitäten in einer politischen Regierung zu konzentrieren. In einem solchen Fall ist die Multi-Regierung ein ideales System. Dieses würde sicherstellen, dass Demagogen, unfähige oder korrupte Menschen nicht durch populären Stimmenfang gewählt würden. Sonst hätten sie die alleinige Kontrolle und Macht über alle unsere sozialen Tätigkeiten. In fast allen Ländern dieser Welt ist der Prozentsatz der Wahlbeteiligung gering, weil sich die Menschen aufgrund der allgemeinen Politikverdrossenheit nicht gerne an der Wahl beteiligen. Das zeigt, dass die Menschen mit der heutigen Parteidominanz bei Wahlen unzufrieden sind. Wir müssen unser Wahl- und Regierungssystem überarbeiten und erheblich verbessern, um zugunsten des Volkes eine rationalere Wahl und eine wirkungsvolle Regierung zu bekommen.

3

Ein Multi-Regierungssystem sollte seine Ausgaben und seine Bürokratie nicht erhöhen. Es sollte jedoch die derzeitigen Behörden, die z. B. für die Volkswirtschaft, Kultur, Bildung und ähnliche Bereiche verantwortlich sind, von dem Interesse abbringen, politisch zu intervenieren. Diese Bereiche sollten unabhängig agieren können. Die Leiter sollten von den unterschiedlichen Berufsgruppen gewählt werden. Da die heutige Regierung nur ihr eigenes politisches Interesse im Sinn hat und die absolute Macht innehat, können andere Staatsbereiche keine anderen Vorschläge unterbreiten bzw. prüfen. Das verursacht eine Art irrationales System und ist auch die Ursache von Korruption und Regierungsunfähigkeit. In San Francisco, USA, stellte vor kurzem die Stadt einen Marinestützpunkt mit 400 Schiffen für die Entwicklung von Privatanlegern außer Dienst. Obgleich zwei andere Firmen höhere Angebote für die Entwicklung des

Stützpunktes einreichten, sprach die Stadt ihn der anderen Firma mit einem niedrigeren Angebot zu. Das lag an der Firma, die vorher Geldmittel für die Wahl in der Stadt aufgebracht hatte *(1. Mai 2001, San Francisco Chronicle)*. Zwei Tage später brachte dieselbe Zeitung folgende Schlagzeile: „Browns Rathaus ist Politik wie üblich trotz der Wahl des New Board, das geringe Wirkung hat." Dies ist wieder eine andere Günstlingswirtschaft für Projekte des Stadtaufbaus durch die politische Regierung, die die Macht kontrolliert. In der alleinigen politischen Regierungsmacht ist diese Art des politischen Interventionsinteresses universal. Im Multi-Regierungssystem hingegen gibt es viele verschiedene Interessengruppen, die Abweichungen von der vereinbarten Regierungspolitik der anderen im Blick haben, und sehr genau darauf achten, dass niemand Machtmissbrauch betreibt und Maßnahmen nicht ungeprüft durchgeführt werden oder nur den eigenen Interessen dienen. Die Regierung hätte mehr sich engagierende Fachleute als Karrierepolitiker, die besser lernen sollten, dem Volk zu dienen, denn sie werden vom Volk bezahlt. Das Gesetz sollte für jeden Bürger gelten, so auch für die Politiker und nicht etwa nur für das Volk. Um, wie bereits erwähnt, den Machtmissbrauch durch die Beamten zu vermeiden, sollten die Mitglieder der Legislative nicht glauben, dass sie nach der erfolgreichen Wahl nur noch im Parlament arbeiten müssten. Vielmehr sollten sie in jedem Bezirk ein ständiges Büro haben, um Anregungen und Kritik aus der Bevölkerung entgegenzunehmen oder, um von Zeit zu Zeit nachzuforschen, ob die Angestellten vor Ort die Regierungsarbeit im Sinne des Volkes konsequent umsetzen. Nur auf diese Weise erfüllen sie wirklich ihre Aufgabe, das Volk in der Regierung zu repräsentieren.

Die Gesetze und die Regelungen müssen einfach, klar und deutlich sein und überlappende Strukturen vermeiden. Eine Regierung sollte ein System für alle Arten von Anfragen haben, die Korruption oder Günstlingswirtschaft verhindern würden. Es sollte ein numerischer Code in Auftrag gegeben werden, der jeder Anfrage zugewiesen und öffentlich verkündet wird. Es sollte auch eine Zeitbegrenzung zur Bearbeitung der Anfragen festgelegt werden. Dies ist die einzige Möglichkeit, die unerwünschte bürokratische Macht zu verringern und die Chance zu nutzen, die Anliegen der Menschen besser zu vertreten und ihren berechtigten Interessen zu dienen. Bürokratieabbau und Deregulierung würden dazu beitragen, dass sich auch der Umfang der Regierungsarbeit verringert. Wenn Polizei und Armee korrupt oder inkompetent sind, sollten das sanktioniert werden. Im Zweifel auch durch Degradierung oder sogar Kündigung und Verlust aller Vergünstigungen, die ihnen die Regierung gegeben hat. Dies ist die wirkungsvolle Weise, Korruption und Unfähigkeit zu bekämpfen.

Multi-Regierungen bestehen aus vielen spezialisierten Menschen und Fachleuten. Sie können mit der Legislative neue Gesetze beraten und verabschieden. Folglich brauchen sie im Parlamentsystem nicht zwingend Ober- und Unterhaus, oder, wie in die Vereinigten Staaten, ein separates Oberhaus und einen Senat. Ein gesetzgebendes Parlament ist ausreichend. Der Etat, der für die Beseitigung des gesetzgebenden Oberhauses frei geworden ist, kann für die gesetzgebenden Untersuchungsbüros genutzt werden, die in allen Regierungsbezirken eingerichtet werden. Dies ist eine bessere Art, dem öffentlichen Interesse zu dienen und das wahre demokratische System zu verwirklichen.

Der Mensch kann nicht alleine leben, sondern benötigt die Gemeinschaft. Wenn viele Menschen zusammen leben, müssen Regelungen für das Zusammenleben existieren. Die Gesetze müssen für alle ihre Mitglieder gelten. Soziale Institutionen, die über eine effiziente Organisation zur Umsetzung der Regierungsbeschlüsse verfügen, werden gefördert. Soziale Institutionen und die Regierungsmacht sind für die Gesellschaft verbindlich. Gleichwohl muss die Gesellschaft in der Lage sein, auf Änderungen der sozialen Bedingungen flexibel zu reagieren. In der Vergangenheit waren sozialen Probleme hauptsächlich wegen der Unfähigkeit der Regierungsbürokratie oder der fehlerhaften Anwendung der Regierungsmacht, die egoistischen Interessen diente, aufgekommen. Die demokratische Staatsform ist ein besseres System als das alte autokratische System. Aber auch das demokratische System in der heutigen Form konzentriert viel zu viel Macht in einer einzelnen Struktur, die unser Ziel einer freien Gesellschaft nicht völlig erreichen kann. Wie bereits erwähnt, können wir von der Geschichte lernen, dass die absolute politische Macht der Hauptfaktor ist für das Dogma der Unfehlbarkeit. Je größer die politische Macht wird desto größer ist die Versuchung für den Demagogen, diese Macht für sein eigenes Interesse oder seine eigene Ideologie auszunutzen, anstatt der Öffentlichkeit zu dienen.

Wenn sich die Regierung an soziale Gegebenheiten anpasste, wäre mehr Flexibilität erforderlich. Um diese Flexibilität zu erzielen, wäre es besser, die Regierungsmacht in mehrere Bereiche aufzuteilen. Das hätte den Vorteil, dass die unterschiedlichen sozialen Politikfelder über eigene autonome Verwaltungsbefugnisse verfügten. Es gab eine Zeit, in der die so genannten frommen Gesetze als der Wille Gottes galten, die jedoch nur die Geistlichen kannten und deuten konnten. Als die Kirche die Gesellschaft auch in Bezug auf Politik, Literatur, Kunst und Wissenschaft beherrschte, war es für das Volk schwierig, ein unbeschwertes Leben zu führen. Die Funktion des Königs bestand nicht darin, Gesetze zu erlassen, sondern den Willen Gottes durchzusetzen. Jeder König, der anders handelte, wurde als Tyrann angesehen. Dieser Zustand dauerte bis ins fünfzehnte Jahrhundert an, als sich die „Renaissance" des Lernens nördlich von Italien ausbreitete. Nach dieser Periode wurde die Funktion der Geistlichen von der Gesellschaft getrennt und Theorien der populistischen Souveränität entwickelt. Daraufhin blühten Volkswirtschaft und Wissenschaften. Diese Epoche war in der Tat eine Renaissance des Lernens. Heute stehen wir wieder vor einem ähnlichen Problem der Alleinherrschaft. Trotz der Komplexität der modernen Gesellschaft sind unsere wirtschaftlichen, bildungsrelevanten und kulturellen Tätigkeiten von der absoluten Macht einer politischen Regierung abhängig. Dies ist der absoluten Macht ähnlich, die einmal durch den Klerus und später durch die Monarchie ausgeübt wurde. Einzige Ausnahme bildet nur die Tatsache, dass die Macht jetzt den parlamentarischen Politikern gehört. Bei jeder Regierungsform, die durch eine einzelne Interessensgruppe beherrscht wird, besteht die Gefahr, dass sie sich zu einer autokratischen Regierung entwickelt, denn sie kann schnell zum Instrument eines Demagogen oder korrupter Menschen werden. In der Geschichte gibt es davon viele Zeugnisse. Im letzten Jahrhundert waren die Regime der Nationalsozialisten und Faschisten die bekanntesten Beispiele. In vielen Ländern gibt es auch heute noch korrupte Regierungen.

Um eine wahre Demokratie zu verwirklichen, muss die Regierungsmacht in viele Teile gegliedert werden. Besonders in der heutigen komplexen Gesellschaft ist eine in viele Behörden aufgeteilte Verwaltung die einzige rationale Regierungsstruktur. Das Ideal der Demokratie lässt ihren Bürgern Entscheidungsfreiheit und gibt ihnen das Recht, ihr Leben selbst zu gestalten. Interessenverbände und Berufsgruppen dürfen ihre Geschäftstätigkeiten unter Einhaltung der gesetzlich vorgegebenen Richtlinien eigenständig führen. Die heutige Demokratie ist so konzipiert, dass das Ziel der vollständigen Eigenständigkeit des Einzelnen nicht erreicht werden kann. Dies kann nur durch eine Regierung erzielt werden, die sich selbst bestimmt und führt. Das heißt, dass die Menschen oder Interessengruppen, die jetzt noch regiert werden, sich selbst regieren und über ihr Schicksal selbst entscheiden. Diese Grundregel würde nicht nur, wie unsere Vorfahren in früheren demokratischen Revolutionen gedacht hatten, auf die Belange der Politik begrenzt. Zu der Zeit war das Leben auf dem Land mit Ackerbau und Viehzucht und dem damit verbundenen gesellschaftlichen Leben sehr einfach. Der Politik galt das ganze Interesse der Öffentlichkeit. Als sich die Geschäfte der Menschen nach der industriellen Revolution zum internationalen Handel ausdehnten, waren Verbesserungen in der Kommunikation und im Verkehrswesen notwendig geworden. Es kam zur Bevölkerungsexplosion in den Städten und Fabriken schossen wie Pilze aus dem Boden. Es wurden Behörden notwendig, die die verschiedenen Interessen der Menschen koordinierten und miteinander in Beziehung setzten. Spezielle Berufsgruppen und Fachleute waren erforderlich, um auftretende Probleme verstehen und angemessen lösen zu können.

Die Regierung ist Land und Leuten verpflichtet. Sie sollte sich den Bedürfnissen der Menschen aufgeschlossen zeigen und flexibel auf die nationalen und internationalen Änderungen in der Politik reagieren. Der Staat muss das Land in die Zukunft führen und darf nicht den Anschluss an die führenden Industrienationen verlieren. Mit den heutigen schnellen Entwicklungen in der Hoch- und Informationstechnologie verlassen wir alte Pfade und gehen in eine neue Ära, in der die ganze Welt eine Gemeinschaft bildet. Deshalb kann die Regierung es nicht allein den Politikern, die oft nur ihre eigenen politischen Interessen im Fokus haben, überlassen, sich um die sozialen Angelegenheiten zu kümmern. Alle Nationen müssen heute im freien Weltmarkt miteinander konkurrieren und können, anders als früher, die Unabhängigkeit ihrer Nation stärken und ihren Wohlstand genießen, solange sie militärische oder politische Macht über andere haben. Heute kann es sich keine Nation leisten, isoliert zu leben, wenn ihre Produktivität niedrig ist. Sie müsste höhere Herstellungskosten und höhere Preise für ihre Waren zahlen und würde dadurch auf dem Weltmarkt nicht mehr konkurrenzfähig sein. Dies würde ein Ungleichgewicht und Außenhandelsdefizit verursachen und schließlich zu einer Finanzkrise und dem Bankrott des Landes führen. Sogar die Kommunisten haben schließlich diese Tatsache erkannt und erlauben jetzt Unternehmern, Privatgeschäfte zu gründen. Sie ermutigen ausländische Nationen, in ihr Land zu investieren. Die Kommunisten privatisieren einige ihrer staatlich geführten Unternehmen, die ihre kommunistische Doktrin ablehnen. Viele südamerikanische Länder verstaatlichten zuvor ihre öffentlichen Dienstleistungsbetriebe. Aber nicht lange danach begannen sie wieder mit der Privatisierung. Das beweist, dass die Politik des Kommunismus, des Nationalismus und des Monopolstaates veraltet ist; weil alle bürokratisch geführten Volkswirtschaften ineffizient sind und ihrem Land und ihrem Volk unwiederbringlich wirtschaftliche Stagnation und Armut bringen.

So wie auch in einer Familie, möchte die Führung jeder Partei, die regiert, die politische Macht nicht abgeben. Das ist keine neue Einsicht, sondern stellt die Rückkehr zu den Feudalzeiten dar, in denen die Dynastien vorherrschten. Sie interessierten sich nur für ihre eigene Macht und Autorität, anstatt für das Wohl der Menschen. Tatsächlich verstanden diese Menschen es nicht anders. Wenn ein Diktator regiert, handelt es sich um eine Diktatur. Wenn eine Partei regiert, handelt es sich um eine

Parteidiktatur. Sie wird als engstirnig und egoistisch verurteilt. Heute herrscht in der ganzen Welt Demokratie vor. Das bedeutet, dass die Menschen die Souveränen des Landes sind, nicht etwa ein Einzelner oder eine einzelne Partei. Die wichtigste Verantwortung der Regierung besteht darin, das Volk zu unterstützen und zum Wohlstand zu führen. Keine Diktatur kann lange andauern, ohne in der Geschichte einen schlechten Ruf zu hinterlassen. Wie uns die Geschichte so viele Male lehrte, kommt die Alleinherrschaft einer politischen Regierung leicht in die Versuchung, in eine autokratische Ordnung eines Demagogen zu verfallen und Korruption und Unfähigkeit zu erliegen. Es ist also für die heutige Regierung mit ihren vielen unterschiedlichen sozialen Tätigkeiten sinnvoller, sie in eine Multi-Regierung umzuwandeln. Wenn Fachleute und Spezialisten die öffentlichen Angelegenheiten regelten, können politische Richtlinien in der Regel flexibler gehandhabt und gegebenenfalls auch geändert werden. Durch die flexible Anpassung an die Bedürfnisse der Menschen und durch die Gewaltenteilung verringert sich die Wahrscheinlichkeit, dass ein Einzelner zu mächtig wird und diesen Status Quo auch halten will. Das ist der Hauptgrund, warum eine Regierung immer wieder unflexibel ist und den Fortschritt nicht konsequent fördert. Ein anderer Vorteil ist, dass alle unabhängigen Regierungen miteinander konkurrieren müssen, um bessere Ergebnisse erzielen zu können. Sie müssen aufeinander aufpassen. Wenn ein Regierungsmitglied gegen die Verfassung verstößt oder die Macht missbraucht, nimmt ein anderes diesen Punkt im Bericht für das Parlament auf. Mit einer Mehrheit von 70 Prozent kann das Parlament dieses bestimmte Regierungsmitglied zur Rechenschaft ziehen.

VI

Soziale Kultur und Revolution

1

Die Bildung unserer Kultur sowie die ideologische Denkweise basieren auf Reaktionen Einzelner in Bezug auf die tatsächlichen Lebensbedingungen. Aus diesem Grund, und weil jeder Einzelne einen eigenen Charakter und bestimmte Fähigkeiten hat, können menschliche Theorien oder Ideen nicht für alle Zeit als absolut angenommen werden. So sind menschliche Zusammenhänge selten vollständig korrekt, sondern nur verhältnismäßig korrekt. In der Physik hatte der Mensch bei der Forschung viele Naturgesetze abgeleitet. Diese Gesetze können die Wirklichkeit nur näherungsweise wiedergeben, dürfen aber nicht absolut gesetzt werden. Letzteres musste geändert werden, als Einstein seine Relativitätstheorie vorstellte. Es gibt jetzt eine neue, aber ähnliche Theorie, die von zwei amerikanischen Wissenschaftlern vorgestellt wurde. Viele Wissenschaftler verlangen nun, Einsteins Theorien zu korrigieren. Diese neuen Erkenntnisse scheinen darauf zu basieren, dass keine Theorie und kein Gesetz als absolute Doktrin für alle Zeiten beibehalten werden kann. Jede Theorie kann sich im Laufe der Zeit ändern und nähert sich dadurch an die objektive Wirklichkeit an. Nur wenn man Neuerungen erkennt und offen ist für Änderungen, kann größerer Fortschritt erzielt werden.

Die soziale Theorie und die Ideologie sind der gleichen Bestimmung unterworfen wie die physikalischen Wissenschaften. Das Bewusstsein für unsere Lebensbedingungen ist das Produkt einer bestimmten Zeit und abhängig von den Grenzen unserer subjektiven Intelligenz. Aus diesem Grund sind Gültigkeit und Wert aller sozialen Theorien von sich ändernden Bedingungen abhängig. Der Wert einer bestimmten politischen Ordnung hängt auch davon ab, ob sie die Bedürfnisse, die in einer bestimmten Zeit auftreten, befriedigen, und, ob sie bestimmte soziale Probleme lösen kann. Wenn sich soziale Bedingungen ändern, kann eine

Theorie, die in der Vergangenheit Bestand hatte, auf einmal obsolet werden. So kann die Politik nicht für immer mit einer gleich bleibenden sozialen Theorie verbunden werden. Eine Politik ist nur für eine bestimmte Zeit gültig und ihre Richtlinien nur für diese Zeit relevant. Sie sollte nicht als eine dauerhafte Einrichtung betrachtet werden.

In unseren Sozialwissenschaften, besonders der Politik- und Volkswirtschaft, basieren alle Gesetze und Theorien nicht nur auf vielen Annahmen, sondern sind auch abhängig von vielen Bedingungen und/oder auch Einschränkungen. Unseren sozialen Theorien liegen in aller Regel deduktive Gesetze zu Grunde, die auf vielen Imponderabilien basieren. Sie können vom Ergebnis her nicht mit den naturwissenschaftlichen Gesetzen der Mathematik oder der Physik auf eine Stufe gestellt werden. Idealerweise sollten sich unsere sozialen Ideologien ständig ändern. Eine dauerhafte Doktrin ist nur deshalb reaktionär, weil sie sich gegen die Natur des sozialen Fortschritts wendet.

Kultur und Bildung eines Menschen verbessern sich stufenweise, weil Jahr für Jahr neue Entdeckungen gemacht werden. So können Ideen, wie die Gesellschaft geführt werden sollte, nur einen relativen und temporären Wert haben. Deshalb ist Freiheit als Faktor so wichtig, wenn die Bildung weiterhin die Basis des Fortschritts sein soll. Es ist in der Geschichte offensichtlich, dass die Kultur ihre größten Fortschritte in Friedenzeiten machte. In der chinesischen Geschichte vor der Chiun Dynastie, als es viele Königreiche gab und jeder Mensch frei war, seine Ideen auszusprechen und seine eigene Philosophie zu entwickeln, gab es eine Periode, die kulturell und sozial als goldenes Zeitalter angesehen wurde. Da die Chiun Dynastie erfolgreich ganz China kontrollierte, nahmen alle folgenden Dynastien orthodoxe Ideologien an und kündigten alle anderen Philosophien als unorthodox auf. Infolgedessen wurde die chinesische Kultur auf die Philosophie von Konfuzius begrenzt und blieb starr und altmodisch. Erst als im 19. Jahrhundert westliche Industrienationen mit ihrer neuen modernen Kultur und ihrer überlegenen Wirtschaftsmacht in China eindrangen, entdeckte China seine eigene Schwäche.

In Westeuropa sind einige Entwicklungen vom Ereignis her auf das gleiche Muster zurück zu führen. Als es in den alten freien griechischen Stadtstaaten keine orthodoxe Philosophie mehr gab, wurde eine kulturell abwechslungsreiche Periode eingeläutet. Im Europa des fünfzehnten Jahrhunderts, als gesetzliche Beschränkungen entfernt wurden, führte die neu gewonnene Freiheit zu einer Wiederentdeckung der klassischen Vergangenheit. Dadurch kam es zu einer kulturellen Bewegung, die die Menschen zu Kritik anregte und das Interesse an Literatur, Philosophie, Wissenschaft und Kunst wieder belebte. Aus dieser Wiederbelebung des

Lernens entwickelte sich die europäische Kultur in die heutige freie moderne Demokratie mit all ihren daraus resultierenden Errungenschaften in der Wissenschaft, der Industrie und des Wohlstandes, die mit der Unternehmensfreiheit gekommen sind.

2

Die Ideen des Menschen drücken seine Empfindlichkeit, seine Intelligenz und seine kreativen Fähigkeiten aus. Obgleich diese Fähigkeiten gewissermaßen von seinen Lebensbedingungen abhängen, sind sie auch die Produkte der menschlichen Willenskraft. Wenn man sich gesellschaftlichen Fortschritt wünscht, muss die Regierung eine angemessene Umgebung für die Freiheit zur Verfügung stellen. Nur, wenn die Menschen frei agieren können, werden ihre kreativen Fähigkeiten gefördert. Sie machen Entdeckungen und produzieren neue Ideen. Leider werden unsere Politiker aufgrund unserer Regierungsstruktur mit soviel Macht ausgestattet, dass sie immer Gefahr laufen, ihre Funktion über Gebühr ausnutzen oder es nicht fertig bringen, sich und den anderen einzuräumen, dass sie in bestimmten Situation den Anforderungen fachlich nicht gewachsen sind. Wenn ein Einzelner oder eine Partei die absolute Macht hat, wird er bzw. sie in vielen Fällen der Versuchung erliegen, Kritik als unberechtigt zurückzuweisen und anderen seine/ihre Ansicht aufzuzwingen. Auch heutzutage, trotz Demokratie vielerorts, gibt es noch immer Regierungen, die keine Kritik zulassen und nur eine Ideologie, eine Partei oder einen Führer akzeptieren. Sie zensieren die Presse, kontrollieren die Publikation der Bücher und nutzen die Bildung zur Indoktrination. Die Freiheit des Einzelnen wird verhindert, Diskussionen werden untersagt und neue Ideen und Entwicklungen gestoppt.

In allen freien Ländern wird die Rede- und Pressefreiheit als verfassungsmäßiges Recht betrachtet. Sogar in den kommunistischen Ländern, wie der ehemaligen Sowjetunion, die im Kern nicht gerade liberal sind, wird ein großes Augenmerk auf populistische und demokratische Grundregeln, wie sie es nennen, gerichtet. Häufig werden andere kommunistische Satellitenstaaten offiziell als Demokratie proklamiert. In Wirklichkeit aber gibt es nur die eine gesetzmäßig erlaubte Partei, die kommunistische Partei, und kein Kandidat kann sich ohne ihre Zustimmung zur Wahl aufstellen lassen. Das heißt, die kommunistische Macht der Partei ist absolut, sowohl in der Politik als auch in allen anderen sozialen Bereichen, wie den Gewerkschaften und kulturellen Organisationen. Sie argumentieren, dass der Zweck eines totalitären Staates die Garantie des kontinuierlichen Erfolgs des Kommunismus ist. Nach über siebzig Jahren der kommunistischen Ordnung, wie im Fall der ehemaligen Sowjetunion, scheint die Partei zu erkennen, dass sie, trotz des Gebrauchs des Wortes „Demokratie", nicht mehr den Rückhalt des Volkes hat. Einschränkungen der Persönlichkeitsrechte und Verbot der freien Meinungsäußerung missfallen selbst den Parteigenossen. Welches ist der wesentliche Unterschied zwischen Demokratie und dem früheren autokratischen System? Die Demokratie garantiert nicht nur populistische freie Wahlen, sondern auch Persönlichkeitsrechte und Freiheit. Da der kulturelle und soziale Fortschritt das Ergebnis einzelner kreativer und phantasiereicher Bemühungen ist, ist ein freies soziales Umfeld wesentlich, um die Entwicklung der neuen Ideen voranzutreiben. Ohne Innovation bleiben Kultur und Gesellschaft starr. Folglich ist die kommunistische Idee, eine Parteiordnung zu haben und die Ideologie der Menschen zu kontrollieren, eine reaktionäre Bewegung gegen den Fortschritt. Ein wesentlicher Bestandteil der demokratischen Regierung ist es, ein angemessenes Umfeld und die entsprechende Einrichtungen für Studien und Forschung zur Verfügung zu stellen, damit Wissen und Innovationen leichter ausgetauscht werden können. Eine Politik, die Redefreiheit verbietet und Pressemitteilungen zensiert, wirkt dem sozialen Fortschritt entgegen. Sie entwickelt eine unrealistische, egoistische und vorgetäuschte Wahrnehmung der Wirklichkeit. Die Kultur ist die Grundlage unseres sozialen Fortschritts. Wir müssen erkennen, dass es die Ideen der Menschen waren, die den Anstoß zum Aufbau aller sozialen Institutionen gaben. Die sozialen Institutionen bestehen aufgrund von kulturellen Tätigkeiten, deshalb sollte es der Regierung nicht erlaubt sein, die kulturellen Aktivitäten zu kontrollieren und somit den Fortschritt der Gesellschaft anzuhalten.

3

Das Wissen der Menschen hat sich auf vielen Gebieten derart revolutioniert, dass sie in die Lage gekommen sind, die ursprüngliche Lebensform zu verlassen. Sie haben sich auf die veränderten Lebensbedingungen flexibel und intellektuell eingestellt und können sie individuell kontrollieren oder ändern. Die Natur spielte dabei nur eine passive Rolle. In den physikalischen Wissenschaften bewiesen unsere Leistungen, dass wir die Fähigkeit besaßen, die Natur für unsere eigenen Zwecke zu ändern oder zu kontrollieren. Leider sind wir in Bezug auf unsere sozialen Verhältnisse und die allgemeine Politik im sozialen Leben noch in finsterer Urzeit. Wir können noch nicht einmal die vielen alltäglichen wirtschaftspolitischen und internationalen Probleme lösen, die unser Überleben bedrohen. Wir können nie wieder zur alten Welt mit einer sich selbst genügenden einfachen Landwirtschaft zurückkehren. Wir leben jetzt in einer anderen Zeit mit einem anderen Lebensstil, in der wir auf einem sehr hohen Lebensstandard voneinander abhängen. Wir sollten unabhängig von unterschiedlichen politischen Systemen in der Lage sein, in einem harmonischen Verhältnis zusammen zu leben und für das Allgemeinwohl der Menschen zusammen zu arbeiten. Auf der Erde sitzen alle Menschen im selben Boot. Sie können entweder zusammen segeln oder zusammen sinken. Das ist die Wirklichkeit, der sich alle Menschen stellen müssen. Es ist klar, dass der Fortschritt in den Sozialwissenschaften hinter dem der Naturwissenschaften liegt. Wir müssen bei der Studie der Sozialwissenschaften unsere Bemühungen intensivieren, um unsere sozialen Verhältnisse den Erfordernissen der Menschen in der heutigen Zeit anzupassen und ein besseres und mit mehr Wohlstand ausgefülltes Leben erreichen zu können. Wir sollten die Vergangenheit auf keinen Fall verherrlichen, denn alle Theorien oder Philosophien sind doch immer nur Reaktionen auf bestimmte Gegebenheiten zu einer bestimmten Zeit. Heute entwickelt sich die Welt technologisch kontinuierlich weiter. Das soziale Leben wird zunehmend komplexer und die Menschen stellen immer höhere Anforderungen. Diese Tatsache verlangt von uns noch mehr Anstrengungen, um die Produktivität zu erhöhen und neue Technologien zu entdecken und effizient zu nutzen. Die Demokratie gibt uns die Freiheit, neue Lösungen und neue Ansätze in der Politik zu suchen. In diesem Sinne heißt Demokratie Fortschritt, während Autokratie Reaktion bedeutet. Die Kommunisten behaupten, dass sie eine progressive Partei und Ideologie repräsentieren, aber tatsächlich halten sie an der alten kommunistischen Theorie als dauerhafte Doktrin fest. Die Menschen sollten niemals zu Sklaven irgendeiner Doktrin werden. Die Demokraten sollten auf keinen Fall an den überkommenen Theorien des Kapitalismus wie der laissez-faire Politik oder wie die Idee des uneingeschränkten Privatbesitzes festhalten. Wenn die Rechte des Privatbesitzes den sozialen Fortschritt einschränken, sollte man die politischen Richtlinien ändern. Ebenso sollte den Menschen erlaubt sein, Privatbesitz zu haben, auch wenn diese Rechte der orthodoxen kommunistischen Doktrin widersprechen.

4

Wenn man ein besseres Leben mit besseren Lebensbedingungen führen möchte, ist eine Revolution oder eine gesellschaftliche Evolution nötig. Man erwartet von der heutigen Demokratie, dass sich die Persönlichkeitsrechte und die Freiheit des Einzelnen noch weiter entfalten können und daraus eine wohlhabende Gesellschaft resultiert. Die umfangreiche

Entwicklung des internationalen Handels hat zu einer internationalen Wirtschaftsgemeinschaft geführt. Die Revolution des Transportwesens und der Kommunikation hat die Nationen in engeren Kontakt miteinander gebracht, damit sie jetzt leichter Ideen austauschen und von einander profitieren können. Die Zunahme des Handels erleichtert die Beziehungen unter den Nationen. Sich schnell entwickelnde neue Technologien ändern die Struktur der Weltproduktion, aber sie haben auch die höheren politischen, wirtschaftlichen und sozialen Probleme verursacht. Wir werden nie in der Lage sein, alle diese Probleme zu lösen. Mit den sich in unserer Gesellschaft ständig ändernden Bedingungen sollten wir alle zusammen für unseren gegenseitigen Nutzen arbeiten, um jene Probleme zu lösen, die uns alle betreffen. Viele Menschen verstehen nicht, warum sich die Realitäten so radikal ändern und halten an der veralteten engstirnigen Sicht der Gesellschaft fest, die die Welt zu einem feindlichen Konfrontationsplatz macht, in der die Arbeiter die Feinde der Unternehmer sind, die Regierung gegen die Unternehmen eingestellt ist und die Nationen gegen andere Nationen kämpfen. So vergeuden wir unsere Energie und Ressourcen für unnötige und unsinnige Konfrontationen, obwohl wir unsere Bemühungen auf die Verbesserung der Lebensbedingungen lenken sollten.

Nach mehr als einem halben Jahrhundert und drei Generationen verdammt die ehemalige Sowjetunion ihre Bürger zu einem Lebensstandard, der, verglichen mit westlichem Standard, nah an der Armutsgrenze liegt. Sie gibt noch immer nicht zu, dass sie den wirtschaftlichen Fortschritt nicht erzielen konnte, obwohl sie den Menschen ihren Privatbesitz und ihre Unternehmensfreiheit raubten. Sie haben auch nicht erkannt, dass sich die Welt ändert. Weltweit hängen heute gewissermaßen alle Nationen in Bezug auf den wirtschaftlichen Fortschritt voneinander ab. Deshalb ist die Zusammenarbeit zwischen den Staaten wichtig und bringt auch den kommunistischen Ländern viele Vorteile. Trotz dieser Tatsache halten die Kommunisten noch immer an Lenins veralteter Doktrin des totalitären Arbeiterstaates und der weltweiten Revolution des Kommunismus fest.

Lenins Theorie ist offensichtlich eine veraltete anti-kapitalistisch eingestellte Doktrin, ein Produkt des 19. Jahrhunderts aus der Zeit des Kolonialimperialismus. Seitdem und besonders nach dem Zweiten Weltkrieg besteht weder der kapitalistische Kolonialimperialismus mehr noch wird der kommunistische Imperialismus folgen. Eine andere Vorstellung Lenins, nämlich dass Kommunismus und Kapitalismus nicht kompatibel seien, ist ebenfalls veraltet. Seit der sowjetischen Revolution haben die ehemalige Sowjetunion und ihre Satellitenstaaten finanzielle, wirtschaftliche und technologische Hilfe in Anspruch genommen, die es ihr ermöglichte, einen wirtschaftlichen Zusammenbruch abzuwenden.

Obgleich die Sowjetunion aufgelöst wurde, folgen noch viele Staaten Lenins kommunistischem Vorbild. Sie erhalten die absolute Macht der Partei und missachten die Bedürfnisse der Menschen, obgleich diese Bedürfnisse der ursprüngliche Grund für die Revolution waren. Jetzt konzentrieren sich ihre Bemühungen nur darauf, große Armeen aufzubauen und moderne Waffen zu produzieren oder zu entwickeln, um ihren Drang nach Machtpolitik zu befriedigen. Sie lehnen es ab, die Änderungen in der heutigen Welt zu erkennen. Würden die Kommunisten sie sehen und den Menschen wirklich Wohlstand bringen wollen, sollten sie erkannt haben, dass ihre Politik die Bevölkerung viel mehr belastet als entlastet. Nach dem Zweiten Weltkrieg wünschten sich die Völker aller freien Nationen bessere Lebensbedingungen. Heute sollten alle Menschen auf der Welt friedlich miteinander umgehen. Krieg und Unbeständigkeit sind die größten Hindernisse des Wohlstands, denn sie führen zur Unterbrechung des wirtschaftlichen Fortschritts, unter dem jeder Mensch leiden würde. Wir können nun sehen, dass sich alle westlichen Industrienationen von ihrer ehemaligen Kolonisierungspolitik abgewandt haben und nun Befürworter des Freihandels geworden sind. Diese bedeutende Änderung der Weltsituation hat auch eine Änderung der nationalen Politik zur Folge. Leider fehlt es vielen Führern der kommunistischen Bürokratien an Intelligenz um zu erkennen, dass sie Sklaven einer veralteten Doktrin sind. Deshalb schöpften die ehemalige Sowjetunion und ihre Satellitenstaaten ihre Bodenschätze über die Maßen aus. Dies führte zu einer schweren Belastung des Volkes und endete damit, dass die UdSSR zusammenbrach. Das Land wurde gezwungen, seine kommunistische Doktrin zu ändern und den Weg für die Einführung von Privatbesitz und der sozialen Marktwirtschaft frei zu machen.

VII

Soziale Revolution und Weltgesellschaft

1

Die industrielle Revolution des 19. Jahrhunderts ebnete einer neu gebildeten Gruppe mächtiger kapitalistischer Unternehmer den Weg zur Monopolisierung der Wirtschaft. Der größte Teil der Arbeitnehmer war von diesen Unternehmern abhängig. Der Abstand zwischen Arm und Reich vergrößerte sich noch mehr. Das Ergebnis war ein Ungleichgewicht zwischen Produktivität und Volkseinkommen und verursachte wiederum eine Ungleichheit zwischen Produktion und Nachfrage. Diese Situation war der Beginn der kommunistischen Bewegung. Karl Marx stachelte die Arbeitnehmer an, sich gegen die Kapitaleigner aufzulehnen und einen totalitären Arbeiter- und Bauernstaat aufzubauen. Sein Ziel war die Schaffung einer Gesellschaft, in der alle Menschen gleichermaßen am Wohlstand beteiligt waren. Aber ist es für eine autokratische Regierung wirklich notwendig, den Wohlstand gleichmäßig zu verteilen? Welches Ergebnis würde eine autokratische Regierung in einer klassenlosen Gesellschaft erzielen?

Karl Marx betrachtete seine Theorie des so genannten dialektischen Materialismus als die einzige sozial-wissenschaftliche und wirtschaftliche Entwicklungstheorie. Wie wir herausgearbeitet haben, ist es keine Wirtschaftstheorie, sondern eher eine politische Theorie. Sie sollte nur die Massen der Arbeitnehmer auf eine Revolution gegen die kapitalistische Gesellschaft vorbereiten, ohne irgendwelche Fakten zu haben, die seine These stützt. Nach Auffassung von Marx ist die kommunistische Arbeiterklasse das historische Ergebnis des Kapitalismus. Er meinte, der Kapitalismus habe schließlich eine Gesellschaft hervorgebracht, die aus einigen wenigen Kapitalisten, aber dafür aus umso ärmeren Arbeitnehmern bestünde. In Wirklichkeit bestanden jedoch zu der Zeit der kommunistischen Revolutionen in Russland und China diese Gesellschaftsklassen gar nicht, weil beide Länder wirtschaftlich rückständig waren.

Tatsächlich waren damals noch 80 Prozent der Bevölkerung Bauern, während die moderne Industrie noch nicht entwickelt war.

Seit dem Zusammenbruch der Sowjetunion und ihrer Satellitenstaaten hätten die Menschen annehmen können, dass der Kommunismus keine Bedrohung mehr darstelle. Aber wir denken, dass der Kommunismus, besonders in den unterentwickelten Ländern und sogar in den ehemaligen kommunistischen Staaten, zurückkommen könnte, solange die Missstände der kapitalistischen Volkswirtschaft nicht behoben sind. Obgleich der Kommunismus auf einer falschen Theorie basiert, spricht er wegen seiner einfachen Struktur hauptsächlich arme Menschen und junge intellektuelle Idealisten an. Sie sind häufig mit ihren Lebensbedingungen nicht zufrieden, oder es fehlt ihnen an Erfahrung, die Zusammenhänge der schwierigen Volkswirtschaft zu erkennen. Sie werden von den einfachen Theorien wie Nationalismus, fanatischen Religionen, Rassismus usw. sehr leicht angezogen. Die Geschichte hat gelehrt, dass die Menschen von extremistischer Politik oder Theorien angezogen werden, wenn die Wirtschaft in Schwierigkeiten steckt. Aus der französischen Revolution ging im 18. Jahrhundert bald die Ära Napoleons hervor. Im frühen 20. Jahrhundert übernahm die Minderheit der russischen Bolschewiken die Macht der mehrheitlich sozialistischen Regierung. Nach dem Ersten Weltkrieg hatten Italien und Deutschland Wirtschaftsprobleme. Diese Tatsachen machten sich faschistische und nationalsozialistische Parteien zunutze und ergriffen die Macht der ehemals demokratischen Regierungen. Es entstanden Diktaturen. Diese Beispiele zeigen, wie die Gesellschaften geändert werden können. Es ist ein sehr sarkastisches Phänomen, dass wir in unserer langen Geschichte nur in einer Kollektivgesellschaft lebten, die die Freiheit und die Persönlichkeitsrechte der Menschen ablehnte. Im späten 18. Jahrhundert, nach der industriellen Revolution, die zunächst in Europa begann und sich dann in der restlichen Welt ausbreitete, bekamen wir diese Rechte. Aber selbst im heutigen 21. Jahrhundert können viele Länder noch keine Freiheit und Persönlichkeitsrechte genießen. Eines aber ist sicher, wenn die Menschen ihre Persönlichkeitsrechte verlieren, werden sie sie erst nach einer weiteren blutigen Revolution wiedergewinnen.

Wie uns die Geschichte gelehrt hat, haben blutige Revolutionen selten zu einer guten sozialen Ordnung geführt. Die Ergreifung der politischen Macht endete meistens in einer Gewaltherrschaft. Wenn wir eine Verbesserung der Gesellschaftsbedingungen und einen friedlichen Fortschritt erreichen wollen, ist es der beste Weg dorthin, eine Revolution zu meiden und stattdessen dem Weg der Evolution zu folgen. Die moderne Geschichte zeugt von blutigen Revolutionen in Frankreich und Russland.

Beide endeten in einem tödlichen politischen Streit und einem sozialen Umbruch, der viele Jahre andauerte. In England und Japan gab es eine stufenweise Entwicklung der Demokratie. Beide Nationen haben vom ruhigen, friedlichen Fortschritt profitiert. Die kommunistische Befürwortung einer gewaltsamen Revolution führte zu einer langen Periode der Gewalttätigkeit und der Zerstörung. Sobald die Kommunisten ihre Macht aufgebaut hatten, wurde unbarmherzig Gewalt angewendet, um die Macht auch zu erhalten. Ihre zahlreichen Versprechungen, eine Demokratie und eine einheitliche Gesellschaftsschicht einzuführen, jedem Bürger freie Rechte zu geben und zu Wohlstand zu verhelfen, waren nur Propaganda, um die Menschen auszunutzen und ihre eigene Position zu festigen.

Die Menschen, die denken, dass der Wechsel vom Privatbesitz zum Kollektiveigentum mehr Wohlstand bringen würde, haben die volkswirtschaftlichen Grundregeln nicht verstanden. Die Menschen, die glauben, dass die autokratische Regierung der Kommunisten die erfolgreiche Bildung einer klassenlosen Gesellschaft erreichen würde, hängen nur einer illusorischen sozialen Philosophie nach.

2

Seit der großen Depression von 1929 haben alle kapitalistischen Regierungen ihre Philosophie der Unternehmensfreiheit zugunsten einer von der Regierung bestimmten Wirtschaft geändert. Neue Arbeitsrechte wurden eingeführt und viele Regierungen stellten politische Richtlinien zur Verteilung des Wohlstands auf. Nach dem Zweiten Weltkrieg änderte sich diese Denkweise insoweit, als die Philosophie des Wohlfahrtsstaates angenommen wurde. Diese Änderungen des wirtschaftlichen Denkens und der dazugehörigen Methoden führten zu einer von der Regierung bestimmten Volkswirtschaft, die durch politische Interessen anstatt durch Marktgesetze beherrscht wurde. Die Macht der Gewerkschaften entwickelte sich so weit, dass Löhne und andere Leistungen vorgeschrieben wurden, ohne darauf zu achten, ob diese Leistungen durch ausreichend Produktivität finanzierbar waren. Infolgedessen kam es zur Inflation. Es gab höhere Herstellungskosten und niedrigere Produktivität. Solche Missachtung der Marktgesetze störte das Gleichgewicht der Volkswirtschaft und, weit von der Erreichung einer besseren Wirtschaft entfernt, ließ einen Interessenkonflikt zu, um gegen den wirtschaftlichen Fortschritt zu arbeiten.

Heute, in der Ära der Weltwirtschaft, müssen die Nationen zusammenarbeiten, um eine ausgeglichene Wirtschaft mit weltweitem Freihandel zu entwickeln. Leider gibt es noch viele, die diese grundlegende Wahrheit nicht verstehen. Die Organisation der Erdöl exportierenden Länder, OPEC, möchte Ölpreise lediglich für egoistische Interessen monopolisieren, um höhere Gewinne zu erzielen. Ihr Egoismus und ihre Ignoranz treiben den Ölpreis hinauf, was zu einer Kettenreaktion mit höheren Produktionskosten, Inflation und schließlich zu einer weltweiten wirtschaftlichen Rezession führt, die die Nachfrage nach Öl senkte und die Preise fallen ließ, bis sie einen angemessenen Marktpreis erreichten.

Die Menschen müssen sich der Grundregeln der Marktwirtschaft bewusst sein. Diejenigen, die denken, dass sie Preise manipulieren können, unabhängig von den Gesetzen der Volkswirtschaft, verursachen Probleme, die schließlich zu ihrer eigenen Zerstörung führen anstatt höheren Nutzen zu bringen. Das Beispiel der OPEC beweist die raue Wirklichkeit der Marktgesetze. Die Regierungen müssen aufpassen, produktive Tätigkeiten beizubehalten. Unternehmer dürfen nicht nur an ihre Gewinne denken, sondern müssen auch ihre Arbeitnehmer angemessen daran teilhaben lassen. Aus dem gleichen Grund müssen sich die Nationen nicht nur für sich selbst, sondern auch für andere Nationen interessieren. Diejenigen, die die Marktgesetze missachten, tun es zu ihrem eigenen Schaden.

Zurzeit basiert unsere Wirtschaftspolitik auf einer irreführenden Philosophie, die einer grundlegenden Reform bedarf. Heute haben die meisten Länder schrittweise oder temporär eine Politik angenommen, die nur auf kurzfristige Problemlösungen ausgerichtet ist. Die grundlegenden Wirtschaftsprobleme jedoch bleiben bestehen und werden sich über die Jahre eher noch verschärfen. Es ist jetzt für uns an der Zeit, rational zu denken und neue Wirtschaftsstrukturen zu bilden, um unsere demokratische Freiheit und unseren Wohlstand dauerhaft zu sichern. Wie uns die Geschichte gelehrt hat, müssen wir erkennen, dass - wenn die Wirtschaftspolitik versagt - soziale Unruhen provoziert werden und damit auch die Arbeitslosigkeit ansteigt. Dies könnte schließlich zur Revolution führen, die das Gegenteil der wirtschaftlichen Entwicklung bewirkt. Denn wir würden uns von Demokratie und Freiheit wegbewegen, hin zur autokratischen Gesellschaft. Der Aufstieg der nationalsozialistischen und faschistischen Diktaturen nach dem Ersten Weltkrieg und die Expansion des Kommunismus nach dem Zweiten Weltkrieg waren ernüchternde Mahnungen, wie zerbrechlich Demokratie sein kann.

Viele der wirtschaftlichen und sozialen Probleme in den heutigen kapitalistischen Gesellschaften liegen an der veralteten Geschäftsführung und der Klassenfeindseligkeit. Mit fortschreitender Industrialisierung wurde das Leben komplizierter. Hinzu kam, dass viele Menschen die Freiheit falsch verstanden und sich egoistisch nur ihrem eigenen Interesse zuwandten. Die Unternehmer interessierten sich hauptsächlich für ihre Gewinne und weniger für ihre Mitarbeiter. Die Arbeiter waren eifrig bemüht, ihre Löhne zu verbessern, aber ohne es durch gestiegene Produktivität zu rechtfertigen. Die Regierungsvertreter hingegen klammerten sich in erster Linie an die politische Macht statt sich für den wirtschaftlichen und sozialen Fortschritt einzusetzen. Das heißt, der Teamgeist hat jetzt soweit nachgelassen, dass in der Gesellschaft Feindseligkeit vorherrscht. Wir sind jetzt an einem Punkt angelangt, an dem wir entscheiden müssen, ob wir eine Revolution oder Evolution benötigen, um Stabilität und Fortschritt unserer freien Gesellschaft zu erhalten. Die Gründe für die heutigen Schwierigkeiten werden nur teilweise verstanden, da jede Partei die andere beschuldigt, die Probleme nicht richtig zu erkennen. Alle Gewerkschaften, Sozialisten, Kommunisten und Idealisten folgen einer Politik der Konfrontation, die mit der Theorie von Karl Marx oder anderen vergleichbaren Anschauungen übereinstimmt. Anstelle der Konfrontation sollten wir versuchen, die Grundlage der Gesellschaft neu zu gestalten und uns bemühen, eine neue Ära des Wohlstandes und der Harmonie sicherzustellen.

3

Erfolg oder Misserfolg jeder Revolution hängt von ihrer Fähigkeit ab, existierende Probleme zu erkennen und zu lösen. Wenn sich die Revolution mit Propaganda und vagen Versprechungen begnügt, ohne sorgfältige Programme für die soziale Verbesserung auszuarbeiten, dann beschäftigt sie sich vermutlich mehr mit der politischen Macht als mit der Wohlfahrt der Gesellschaft.

Politischer Ehrgeiz, der durch Macht verwirklicht wird, muss Gewalt anwenden, um mächtig zu bleiben. Aber solchen Regimes mangelt es an Ideen und der Fähigkeit, zu regieren. Es gibt viele Beispiele revolutionärer Bewegungen, die kein spezielles Programm oder eine falsche Illusion hatten. Einige waren einfach nur egoistisch bzw. nur an der Durchsetzung ihres eigenen Ehrgeizes interessiert. Ein anderes Beispiel ist Chinas Chiun Dynastie, in der viele kleine Königreiche um China gekämpft hatten. Infolge dieser Kämpfe wurde China vor 2200 Jahren erfolgreich von einem Feudalstaat in eine leistungsfähige Nation umgewandelt. Obwohl die Chiun Dynastie das Feudalsystem besiegt hatte, verbesserte sich das Leben für das chinesische Volk nicht. Im Gegenteil, dem Volk ging es sogar schlechter als zuvor und es wurde grausam behandelt. In Europa trat ein ähnliches Muster auf. Als Rumänien von den Türken befreit wurde, mussten die Menschen zu ihrem Sklavenstatus zurückkehren und ihr Leben verlief so elend wie zuvor. Im alten römischen Reich gab es eine Sklavenrevolution, die mit einer marxistischen Revolution verglichen werden könnte. Sie war nur auf einen sehr kleinen Bezirk begrenzt und ihr Erfolg währte nicht lange. Während der Dauer dieses Aufstandes wurden die ursprünglichen Sklaven zu Herrschern und die ehemaligen Herrscher zu Sklaven. Trotzdem kam es zu keinen Verbesserungen des allgemeinen Lebensstandards. Diese Beispiele zeigen, dass die Klassenrevolution bloß in einer Klassendiktatur endete, ohne zu einer Verbesserung der Lebensbedingungen oder der Lebensqualität zu führen.

Wenn wir die wirtschaftlichen und sozialen Leistungen der zwei konkurrierenden Systeme, des ehemaligen Ost- und West-Deutschlands und Nord- und Südkoreas nach dem Zweiten Weltkrieg vergleichen, ist es nicht zu leugnen, dass der Kommunismus versagt hat. Die ehemalige Sowjetunion, das Modell des alten kommunistischen Systems, hatte nach siebzigjähriger Herrschaft Millionen und Abermillionen Menschen für ihre Gesellschaft der Arbeiterklasse geopfert und war dennoch nicht imstande, genügend Nahrungsmittel zu produzieren, um ihr eigenes Volk zu ernähren, obwohl sie über beträchtliche Bodenschätze verfügte.

Nach fast vierzig Jahren der kommunistischen Ordnung in China, ließ Deng Xiaoping, der so genannte Reformer oder Architekt der kommunistischen chinesischen Partei, es zu, dass Chinas Wirtschaft und Technologie dreißig Jahre hinter den führenden Industrienationen zurücklag. Was er vorschlug, ist nichts Neues, sondern beinhaltete die Rückkehr zum alten System der kapitalistischen Unternehmensfreiheit und des freien Marktes, allerdings unter Beibehaltung der autokratischen politischen Ordnung. China schaut sich seitdem in der freien Welt nach Unterstützung um und begrüßt ausländische Investoren, um seine Industrie zu modernisieren. Die Machthaber Chinas jedoch geben das Versagen des Kommunismus noch nicht zu. Aber diese Art des gegensätzlichen wirtschaftlichen und politischen Systems kann so nicht lange funktionieren.

Es liegt in der Natur einer politisch leistungsfähigen Regierung, sich aufgrund ihrer absoluten Kontrollgewalt in Bezug auf alle sozialen Tätigkeiten einer autokratischen Ordnung zuzuwenden. Für viele Menschen ist es eine Versuchung, ihre privilegierte Position nicht abzugeben. Wenn man die Macht der heutigen demokratischen Regierung betrachtet, ist sie fast vergleichbar mit den Monarchien vergangener Zeiten. Die einzigen Unterschiede liegen in der Wahl und in der Erbfolge. Unsere Vorfahren dachten, dass es zur gleichmäßigen Verteilung der Regierungsmacht ausreichend sein müsste, die Regierungsgewalt in die traditionellen drei verschiedenen Bereiche aufzuteilen. Aber, wie bereits erwähnt, gehören die Vertreter der Legislative und Exekutive meistens der gleichen Partei an. Diese wiederum ernennen den Leiter der Judikative. Also kann der Zweck, die Regierungsmacht gleichmäßig zu verteilen, nicht erzielt werden. Das ist der Grund, warum trotz der Demokratie, die seit dem 18. Jahrhundert vorherrscht, noch so viele Länder autokratisch geführt werden. Ausgenommen sind die Länder, die seit langer Zeit demokratisch regiert werden. Doch auch bei ihnen ist die Gefahr der Korruption oder Unfähigkeit allgegenwärtig.

Die Welt ändert sich, die Gesellschaft macht Fortschritte und auch die Ideen und Bedürfnisse der Menschen unterliegen dem Wandel. Alle autokratischen Regierungen möchten normalerweise den Status Quo halten, interessieren sich aber nicht für die Wohlfahrt der Menschen. Entweder, weil die Regierungen korrupt sind oder weil die Menschen mit ihren Lebensbedingungen zunehmend unzufrieden sind. Nicht nur einzelne Menschen, sondern auch das ganze Land muss unter diesen Gegebenheiten leiden.

4

Wie bereits erwähnt, ist das Prinzip von Zusammenarbeit und Einvernehmen die Grundlage menschlicher Gesellschaften. Heute, im Zuge der Erweiterung des internationalen Handels, hängen die Volkswirtschaften aufgrund der wirtschaftlichen Entwicklung und aufgrund der gegenseitigen Verflechtungen, die auch den Wohlstand betreffen, immer mehr voneinander ab. Aufgrund dieser gegenseitigen Abhängigkeiten könnte sich eine Weltgesellschaft entwickeln. Dies wird der Trend der Zukunft sein. Kürzlich, 1997, bewies schon die Währungskrise der Länder des Fernen Ostens, wie stark sie die gesamte Weltwirtschaftsordnung beeinflussen konnte. Leider verstehen viele Menschen diese Wirklichkeit noch nicht. Einige denken, dass die harte Konkurrenz im Weltmarkt dazu führt, dass Fabriken geschlossen und die Arbeitslosigkeit steigt, wenn man nicht mit anderen konkurrieren kann. Warum ergreift die Regierung keine Schutzmaßnahmen, indem sie hohe Zölle oder Beschränkungen gegen Importwaren auferlegt, um die wirtschaftliche Ordnung zu erhalten? Das heißt, sie nimmt eine protektionistische Handelspolitik an. Aber in der heutigen Industrie der Hochtechnologie benötigt die Massenproduktion auch Massenmärkte. Wenn sich jeder in der Weltwirtschaft abschotten möchte, dann müssen auch die anderen sich protektionistisch verhalten. Das hieße, einen Handelskrieg zu beginnen. Das wiederum würde auch das eigene Exportgeschäft beeinflussen. Man muss sich auf eine kleine Produktion beschränken, die höhere Kosten und höhere Preise der Waren nach sich zieht. Wie kann sich eine Nation mit niedriger Produktivität, niedrigem Einkommen und niedriger Beschäftigung in diesem Fall entwickeln? In einem kleinen Markt mit höherer Produktivität kann die Produktion nicht fortgeführt werden, Fabriken müssten geschlossen und Mitarbeiter entlassen werden. Das Ergebnis ist sogar noch nachteiliger - wirtschaftlicher Bankrott. Folglich kann die protektionistische Handelspolitik heute überhaupt nicht mehr das wirtschaftliche Stadium der Hochtechnologie fördern.

Jedes Land hat seine spezielle Situation. Jedes Land sollte versuchen, seine Fachleute gründlich auszubilden und ein vorteilhaftes Investitionsklima zu schaffen und mehr wirtschaftliche Chancen konsequent zu nutzen. Auf diese Weise kann jede Nation mit ihren Gütern und Dienstleistungen handeln und damit allen Wirtschaftsbeteiligten den erwarteten Nutzen bringen. Eine Ausweitung des Geschäfts und eine erweiterte Produktion führen zum Wohlstand der Welt. Unsere Zivilisation macht täglich Fortschritte. Die Ideen und Mentalitäten der Menschen ändern sich auch mit der Zeit und es geht zweifellos nicht rückwärts. Die chinesische Geschichte lehrte uns, dass wir mit diesen schnellen Änderungen in der Technologie und mit neuen Innovationen nur nach vorne schauen sollten. Seit der Ching Dynastie im 17. Jahrhundert hat China den Nutzen des Freihandels nicht erkannt. Seine Ablehnung, mit den westlichen Ländern zu handeln, führte zu vielen Kriege, die es alle verlor. Es musste sehr hohe Ausgleichszahlungen leisten und verlor viele Territorien. Nach fast 300 Jahren versteht China jetzt den Nutzen, den der Handel mit sich bringt, kämpft um die Teilnahme am Welthandel und war darauf aus, ein Mitglied der Welthandelsorganisation zu werden.

Wir hätten wissen müssen, dass die Zusammenarbeit die Basis für den Fortschritt ist, aber jetzt besteht die Zusammenarbeit hauptsächlich innerhalb der Staatsgrenzen. Auch unterschiedliche Stadien des nationalen wirtschaftlichen Fortschritts oder kulturelle Unterschiede machen es unmöglich, dass alle Nationen den gleichen Status innerhalb einer Weltgesellschaft haben. So konserviert jede Nation ihre eigene Unabhängigkeit und Identität, obwohl sich die heutigen wirtschaftlichen Rahmenbedingungen weltweit ständig ändern. Obgleich z. B. die Vereinigten Staaten die führende Industrienation sind, halten sie es noch für notwendig, Importe bestimmter Waren, wie Textilien, Stahl und Autos aus Japan und anderen Ländern, einzuschränken, weil die Vereinigten Staaten nicht wollen, dass diese Importe ihre eigene Industrie hemmen. Ähnlich schränkt auch Japan den Import der Agrarerzeugnisse und der Computer aus den Vereinigten Staaten ein, um die eigenen Interessen zu schützen. Dieses internationale Handelsproblem ist im Wesentlichen auf die nationalen Unterschiede beim Lebensstandard, bei den Löhnen und bei dem Grad der Industrialisierung zurückzuführen. Solche Unterschiede zwischen den Nationen hindern den Fortschritt hinsichtlich der Bildung einer Weltgesellschaft bis jetzt nicht. Mit mehr Handelsaktivitäten zwischen den Nationen wird der Abstand zwischen den unterschiedlichen Lebensstandards und der Kultur verringert, und dann wird eine Weltgesellschaft hergestellt werden können.

5

Unsere Idee von einer Gesellschaft, die auf nur einer Nation basiert, ist aufgrund der heutigen weltweiten wirtschaftlichen Verflechtungen und des Zusammenrückens durch die rasanten Entwicklungen der Kommunikationstechnologie und des Verkehrswesens nicht mehr vorstellbar und auch längst nicht mehr zeitgemäß. Dies wird noch zusätzlich durch die Tatsache gestützt, dass wirtschaftliche Rezessionszyklen heute weltweit wesentlich länger andauern. Keine Volkswirtschaft kann ihnen entgehen. Nicht einmal die kommunistischen Staaten sind dagegen immun. Aus diesem Grund sollten sich jetzt alle Nationen an der Entwicklung eines rationaleren und leistungsfähigeren Produktionssystems beteiligen und vernünftig zusammenarbeiten. Mit der weltweiten Aufteilung der Produktion würden eine höhere Produktivität und niedrigere Preise für Waren erzielt werden. Dadurch würden alle Nationen, unabhängig von ihren politischen Systemen, gefördert. Die Politik sollte weder ein Hindernis für den Fortschritt sein noch das Leben der Menschen übermäßig regulieren oder gar beherrschen. Jede Politik muss sich von Zeit zu Zeit den veränderten sozialen Bedingungen anpassen und sollte sehr darauf achten, nicht - einer dogmatischen ideologischen Doktrin verhaftet - den Fortschritt und die wirtschaftliche Entwicklung zu hemmen.

Der engstirnige Nationalismus, Rassismus, Ideologien und die fanatischen Religionen verstehen die Wirklichkeit unserer Zeit nicht mehr. Die Zeiten haben sich geändert, aber die Denkweise der ideologisch geprägten Traditionalisten steht noch immer auf dem Stand wie vor einigen Jahrhunderten. Während des 18. Jahrhunderts gab es die industrielle Revolution. Dann, im 20. Jahrhundert, gab es die Bevölkerungsexplosion und die Revolution der Hochtechnologie. Alles zusammen veränderte unsere soziale und wirtschaftliche Lage vollständig und damit entstanden die Probleme. Eine Massenproduktion benötigt Massenmärkte. Eine größere Bevölkerung benötigt mehr Beschäftigung. Die neuen Technologien und die immer engeren wirtschaftlichen Verflechtungen führen zu höherer Produktivität, aber auch zu neuen Produktionsstrukturen und einer weltumspannenden Globalisierung unserer Volkswirtschaften wie wir sie nicht erwartet hätten. Nun sind alle Staaten darauf angewiesen, ihren Handel und ihren Kampf um Marktanteile zu intensivieren. Das wiederum schafft höhere Beschäftigung. Mittlerweile müssen alle Volkswirtschaften die Wettbewerbsfähigkeit ihrer Industrien stärken, um im Weltmarkt dauerhaft bestehen zu können. Produktivität und Umsatzrendite werden immer wichtiger. Deshalb müssen alle Staaten insbesondere ihre auf die Hochtechnologie spezialisierten Industrien und Unternehmen beim fortwährenden Modernisierungsprozess unterstützen. Damit auch die Entwicklungsländer den Prozess der Industrialisierung erfolgreich bestehen und das Know-how der Hochtechnologie und die Maschinen und Anlagen der entwickelten Länder erwerben können, müssen sie finanziell unterstützt werden. Die kontinuierliche Industrialisierung der Entwicklungsländer erhöht den Lebensstandard und die Beschäftigung der Menschen. Die reichen Staaten verbinden sich mit den Entwicklungsländer über Assoziierungsabkommen, die den Handel und die gegenseitigen Warenströme fördern. Dies ist der Hintergrund der globalisierten Wirtschaft, die eine verbesserte Wirtschaftsentwicklung für alle Beteiligten ergibt.

Ein anderes törichtes Ideal ist es, einen Krieg zu beginnen, um das eigene Interesse oder das einer Partei zu befriedigen. Ist es heutzutage überhaupt noch möglich, einen Krieg zu gewinnen? Aufgrund der ungeheuren Kapazität der heutigen Massenvernichtungswaffen, der Raketen und der Atombomben, ist es heute nicht mehr möglich, einen Krieg auf ein bestimmtes Territorium zu begrenzen. Auch gibt es keine klaren Frontlinien mehr. Aus diesen Gründen ist in einem Krieg immer das ganze Land oder ein ganzer Kontinent von der vollständigen Zerstörung bedroht. Wenn tatsächlich noch irgendwer daran denkt, er oder sie könne von einem Krieg profitieren, muss er oder sie entweder ignorant oder ein ausgemachter Dummkopf sein. Wie kann jemand denken, Gewinn aus einem Krieg zu ziehen und erwarten, dass die Massenvernichtungswaffen nicht zu umfangreicher Zerstörung führten, wenn er sich schon nicht für das persönliche Leid der Menschen interessiert? Folglich bleiben „nur" der Handel und das Prinzip von Zusammenarbeit und Einvernehmen als die beste Möglichkeit, Auseinandersetzung und Krieg zu verhindern. Gleichwohl gibt es noch jede Menge Länder, die eifrig bemüht sind, sehr große Mengen an Geld auszugeben, und trotz ihrer Armut neue Waffen zu erstehen. Sie sind nicht daran interessiert, den niedrigen Lebensstandard ihres Volkes zu verbessern. Die Militarisierung dient dazu, den Ehrgeiz der führenden Regierung zur politischen Vorherrschaft zu befriedigen und so die anderen Völker unterwerfen zu können. Zu jeder Zeit und an jedem Ort gibt es immer Menschen, die glauben, dass ihre Ideale heilig seien und ihre Ziele durch Gewalt erreichen zu können. Sie erkennen nicht, dass sich die moderne Kriegsführung soweit geändert hat, dass niemand von einem Massenvernichtungskrieg profitieren könnte. In der Regel interessieren sich die Inhaber absoluter Gewalt nicht für das Leben der Menschen, wohl aber für ihren eigenen Ehrgeiz oder ihren eigenen Ruhm. Dieses ist die Tragödie des menschlichen Wesens. Aber wenn das Land die Regierungsstruktur ändert und keinem erlaubt, die absolute Macht auszuüben, kann man wohl davon ausgehen, dass diese Art der Tragödie abgewendet werden kann. Dieses ist ein weiterer Grund, warum unsere gegenwärtige mit viel Macht ausgestattete Regierung politisch reformiert werden muss.

In einer Nation gibt es das Strafrecht gegen das Töten von Menschen. Inzwischen gibt es auch ein Internationales Strafgericht zur Verfolgung von Kriegsverbrechen, das über das Vergehen eines Landes oder einer Person zu befinden hat. Man sollte kriminelle Anklagen auf diejenigen ausdehnen, die dazu bereit sind, Ideologie, Rassismus und fanatischen Religionsglauben zu verwenden, um die Macht zu missbrauchen und Krieg zu führen. Dies würde einen neuen Nationalsozialismus oder einen von egoistischem Eigeninteresse geleiteten Krieg verhindern und Frieden bewahren.

6

Wenn wir eine Weltgesellschaft herstellen möchten, müssen wir zunächst die Staaten entsprechend ihrem Industrialisierungs- und Kulturgrad in kleinere regionale Gemeinschaften aufteilen. Wenn der wirtschaftliche Standard dieser kleinen regionalen Gemeinschaften ungefähr gleich ist und die Länder mehr Handel treiben, dann können sie in größeren Handelsgemeinschaften gruppiert werden. Wenn diese Gemeinschaften dieses Stadium erreichen, dann ist die Zeit für eine Weltgesellschaft reif.

Zurzeit stellen die Europäische Gemeinschaft und die Nordamerikanische Freihandelsvereinigung (NAFTA) diese Art der regionalen Gemeinschaft dar, die der Grundregel der wirtschaftlichen regionalen Gemeinschaft gewidmet ist. Vielleicht sollten andere Teile der Welt, wie Südostasien, Afrika, der Mittlere Osten und Südamerika sich auch in ähnlichen regionalen Handelszonen organisieren. Da sich diese regionalen allgemeinen Märkte zu immer größeren wirtschaftlichen und politischen Gemeinschaften entwickeln, bewegen wir uns allmählich auf eine Weltgesellschaft zu.

Wenn wir noch einmal die Entwicklung unserer Geschichte betrachten, angefangen mit Sippen, dann Stämmen, Feudalstaaten und jetzt Nationen, haben wir uns von der einfachen Blutsverwandtschaft der Sippen kontinuierlich zu Nationen mit ethnischer Vielfalt vergrößert. Als wir noch in einer einfachen Landwirtschaft lebten, waren uns die Lebensbedingungen zur Befriedigung unserer Bedürfnisse und auch der Lebensraum ausreichend. Als der Handel anfing, eine wichtige Rolle in der Volkswirtschaft zu spielen, benötigten wir mehr Märkte. Diese Entwicklung führte in das 17. Jahrhundert, in dem zunächst der Handel mit Indien und Asien, dann später auch mit der neuen Welt Amerika aufgenommen wurde. Der Handel weitete sich aus und erforderte eine erhöhte Produktion. Dies war die Ursache der industriellen Revolution. Jetzt hat die neue technologische Produktion sogar noch größere Kapazitäten. So wurden auch immer größere Märkte erforderlich. Die Globalisierung der Wirtschaft führt schließlich zu einer Weltgesellschaft. Das einzige Hindernis zu dieser Weltgesellschaft ist die Struktur des Nationalstaats. Aber man kann davon ausgehen, dass diese nationale Struktur schließlich verschwinden wird.

Heutzutage verfolgen die Nationen keine Politik der Konfrontation, sondern sind darauf ausgelegt, die Prinzipien friedlicher Koexistenz und Zusammenarbeit und Einvernehmen zu Grunde zu legen. Man sollte es sich stets vergegenwärtigen, dass sich die Welt in immer kürzeren Abständen immer radikaler ändert und die Menschen in einer immer schneller wachsenden Weltbevölkerung das Bedürfnis nach mehr Beschäftigung und verstärkter Investitionstätigkeit haben, um die Erfordernisse unserer Zeit erfüllen zu können. Wir müssen die wirtschaftliche Entwicklung und den Sozialfortschritt für das Wohl der Menschen vorantreiben. Wenn man der Vergangenheit und der überkommenen Politik der Konfrontation verhaftet bleibt, verhält man sich unverantwortlich und kann keine Visionen entwickeln. Mögen sie auch denken, sie seien Helden, in Wirklichkeit aber wird die Geschichte belegen, dass sie rücksichtslos und schuldig waren. Vor ungefähr 2500 Jahren kämpfte China gegen Feudalstaaten. Ein berühmter chinesischer Philosoph namens Konfuzius verachtete die Kriegsführung und begriff den Wert einer Weltgesellschaft. Er verlangte nach einem „großen Universum". Die Welt, die Konfuzius kannte, beschränkte sich nur auf China selbst. Da China aus vielen kleinen Königreichen und Staaten mit unterschiedlicher

Ethik bestand, wurden einige entwickelt, andere blieben unterentwickelt. Es ist eine ähnliche Situation wie in der heutigen Welt, nur in einem kleineren Umfang. Unsere Zivilisation entwickelte sich bis zum 21. Jahrhundert, heute jedoch schneller als in der Vergangenheit. Warum liegen dann diese Menschen mit ihren Ansichten noch so weit zurück? Wir denken, dass dieses Verhalten an der veralteten Sozialstruktur liegt, besonders jedoch am Regierungssystem.

Wie uns die Geschichte lehrt, gingen die größten Zivilisationen der alten Zeit wie Ägypten, Persien, Griechenland, Rom und China entweder unter oder entwickelten sich zurück. Während danach Handel und Industrie in den großen Stadtstaaten oder Nationen wie Italien, Spanien und Großbritannien florierten, wurde deren Wohlstand später durch neu aufsteigende Industrienationen wie die USA, Deutschland und Japan überholt. Der Grund für dieses Phänomen lag in der Tatsache, dass die Menschen in den älteren Ländern meistens eher konservativ eingestellt und mit ihren Lebensbedingungen und ihrem Status Quo zufrieden waren. Weder wollten sie über neue Ideen nachdenken noch die Anpassung ihres alten Systems an die Wirklichkeit vollziehen. Oder sie hatten ein falsches System oder eine falsche Politik gewählt und so ihren Vorsprung verloren. Auf der anderen Seite mussten die neuen Industrieländer für ihren Fortschritt kämpfen, neue Ideen verwirklichen, sich um Innovationen bemühen und wurden dadurch fortschrittlich und stärker. Dies belegt auch die Situation von Deutschland und Japan. Nach dem Zweiten Weltkrieg legten sie ihren Schwerpunkt auf die wirtschaftliche Entwicklung, anstatt in die unproduktive Kriegsmaschinerie zu investieren, wie sie es vorher getan hatten. Jetzt sind sie wohlhabender als vor dem Krieg, während Großbritannien und Frankreich schwächer wurden. Besonders Japan ist eines der Länder in der Welt, das immer bemüht ist, sich zu reformieren. Aus diesem Grund gelang es Japan vor dem Ersten Weltkrieg, sich von einem ehemals rückständischen Feudalstaat in eine parlamentarische Demokratie umzuwandeln. Nach dem Zweiten Weltkrieg modernisierte das Land seine Industrien, erzeugte insbesondere auf dem Gebiet der Elektronik viele neue Produkte und entwickelte hochtechnologische Industrien mit besserer Produktivität. Jetzt ist Japan die Nummer zwei in der Wirtschaftskraft auf der Welt. Dies bestätigt, dass ein Land erkennen muss, dass sich die Welt ändert. Es sollte eine neue Politik oder neue Reformen rechtzeitig annehmen, um wohlhabend zu bleiben und sich und seiner Bevölkerung gleichermaßen geeignete Lebensbedingungen zu schaffen.

www.ingramcontent.com/pod-product-compliance
Lightning Source LLC
Chambersburg PA
CBHW021943220326
41599CB00013BA/1662